dumont taschenbücher

Karl Hennig, geb. 1948 in Braunschweig, kam 1965 für ein Jahr als Austauschschüler nach Japan. Seit 1967 Studium der Japanologie, Soziologie und Kunstgeschichte in Tübingen und Hamburg. 1976 dreimonatiger Forschungsaufenthalt in Japan. 1978 Promotion mit einer Arbeit über den »Karesansui-Garten als Ausdruck der Kultur der Muromachi-Zeit« (Hamburg 1982), das heißt, über die kleinen wasserlosen Tempelgärten des 15. und 16. Jahrhunderts. Nach dem Studium Volontariat bei der Deutschen Presseagentur; 1979 Mitarbeiter bei dem Kunstmagazin »art«, jetzt freier Jounalist in Hamburg.

Karl Hennig

Japanische Gartenkunst

Form – Geschichte – Geisteswelt

Mit 118 Abbildungen,
davon 35 in Farbe

Der wahre Lehrer setzt den
Fuß des Menschen auf den
Weg. Auf diesem mag
jeder suchen, was er für
sich finden muss.

(aus der keltischen Mythologie)

DuMont Buchverlag Köln

7.9.85 B

Umschlagabbildung Vorderseite: Die Moosgarten des Tempels Saihō-ji,
Kyōto. 12./14. Jh.

Umschlagabbildung Rückseite: Moderner Trockenlandschaft-Garten im
Zuihō-in, Daitoku-ji, Kyōto. 20. Jh. (vgl. Abb. 50)

Frontispiz: Garten der kaiserlichen Villa Katsura (Katsura Rikyū), Kyōto.
17. Jh.

CIP-Kurztitelaufnahme der Deutschen Bibliothek

Hennig, Karl:
Japanische Gartenkunst : Form, Geschichte,
Geisteswelt / Karl Hennig. – Erstveröff. – Köln :
DuMont, 1980.
    (DuMont-Taschenbücher ; 95)
    ISBN 3–7701–1155–9

Erstveröffentlichung
© 1980 DuMont Buchverlag, Köln
Alle Rechte vorbehalten
Satz und Druck: Rasch, Bramsche
Reproduktion: Litho-Köcher, Köln
Buchbinderische Verarbeitung: Boss-Druck, Kleve

Printed in Germany   ISBN 3–7701-1155–9

Inhalt

Vorwort

Gärten sind immer Ausdruck des spezifischen Naturverständnisses einer Kultur. Daher kann es nicht verwundern, daß sich der japanische Garten so sehr von den Garten-Anlagen Europas unterscheidet. Während die europäischen Gärten Ausdruck eines pragmatischen Zugriffs auf die Natur sind, gleichsam zu Architektur versteinerte Visualisierungen des biblischen »Macht Euch die Erde untertan«, zielt der japanische Garten demgegenüber auf die Einordnung des Menschen in die Natur. Die europäische Gartentradition ist also geprägt durch die Konfrontationshaltung gegen die Natur, die ostasiatische hingegen durch eine Integrationshaltung in die Natur. Europäische Gärten sind daher überwiegend architektonische Anlagen, der japanische Garten hingegen war von Anfang an ein Landschaftsgarten.

Der vorliegende Band stellt in knapper Form die wesentlichen Typen japanischer Gartenkunst, ihre wichtigsten gestalterischen Elemente und die bedeutendsten Gartenmeister vor. Es sollen jedoch nicht nur die formalen und ikonographischen Entwicklungen der japanischen Gartengeschichte aufgezeigt werden. Vor allem soll verdeutlicht werden, daß drei große religiöse Strömungen Japans – der Shintōismus, der Taoismus und der Buddhismus – die Gartenkunst nachhaltig geprägt haben. Denn Gärten sind in Japan primär Ausdrucksträger religiöser Ideen – anders als europäische Garten-Anlagen, die ja oftmals vor allem Manifestationen weltlicher Macht waren.

Ein wichtiges Anliegen dieses Buches ist es auch, die betrachteten Gärten nicht isoliert zu sehen. Die großflächigen Teichgärten der Heian-Zeit beispielsweise sind nicht denkbar ohne das Ambiente der damaligen aristokratischen Gesellschaft, die hier eine Bühne für ihr Leben höchster ästhetischer Verfeinerung fand.

Auch die kargen Steingärten der späteren Jahrhunderte sind nur in einem umfassenderen Zusammenhang zu verstehen: als integraler Bestandteil von kleinen, unabhängigen Subtempeln innerhalb der großen Tempelkomplexe des Zen-Buddhismus.

Japanische Gärten werden in diesem Buch in zwei grundlegende Kategorien eingeteilt: Teichgärten und wasserlose Gärten. Aus Gründen der Übersichtlichkeit wurde darauf verzichtet, die Teegärten als dritte eigenständige Gattung darzustellen, wie es vielfach in der Literatur über japanische Gartenkunst geschieht. Diese Gartenform wurde mit in die Gruppe der wasserlosen Gärten einbezogen.

Namen sind entsprechend der japanischen Reihenfolge wiedergegeben: erst Familienname, dann persönlicher Name.

I Teichgärten

1 Shintōistische »Götterteiche« der Vorzeit (5./6. Jahrhundert)

Die früheste Phase der Gartenentwicklung ist kaum durch heute noch existierende Gärten zu dokumentieren. Die damaligen Anlagen sind nahezu restlos verschwunden, einige Überreste von frühen Gärten innerhalb von alten shintōistischen Schreinanlagen vermitteln allenfalls eine Ahnung davon, wie jene frühesten Formen gestalteter Landschaft ausgesehen haben könnten.

Der shintōistische Ursprung des japanischen Gartens reicht zurück in die Frühphase der Entstehung des japanischen Reiches. Vom asiatischen Festland her eingewanderte Sippenverbände gewannen in den ersten nachchristlichen Jahrhunderten allmählich die Oberhand in Zentraljapan. Yamato, das Gebiet um das heutige Nara, wurde zum Mittelpunkt des sich festigenden Reiches. Weltliche und sakrale Herrschaft waren am Anfang noch ungeteilt, die frühen Herrscher waren auch die höchsten Priester des Shintōismus. Palast und Heiligtum gehörten noch unter ein Dach. Shintō (»Weg der Götter«) bezeichnet jene ursprüngliche Religion der Japaner, die das Kaiserhaus mit einer mythischen Schöpfungsgeschichte verknüpft und neben der Ahnenverehrung einen Gottesbegriff entwickelt, der weit entfernt ist von der ausschließlich personalen Gottesvorstellung anderer Weltreligionen. Statt dessen werden neben

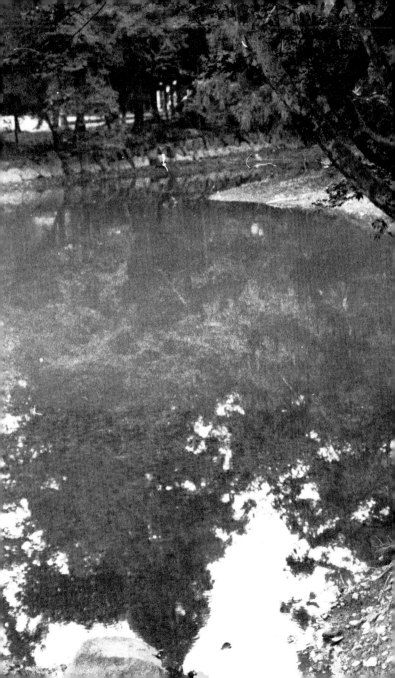

2   Kaiserliche Grabanlage (Kofun) bei Nara. 5./6. Jh.

einem anthropomorphen Götterpantheon auch ehrfurchterwekkende Objekte der Natur als sichtbarer Ausdruck göttlichen Wesens verstanden, Berge beispielsweise, Bäume oder Steine.

Früh fing man auch an, innerhalb von Schrein- und Palast-Anlagen sogenannte »Götterteiche« zu schaffen. Diese dienten als Ausdruck der Verehrung shintōistischer Gottheiten. In solchen Teichgärten mit ihren Inseln kommt aber auch eine archetypische Erfahrung der Japaner zum Ausdruck: das Bewußtsein, vom Kontinent her das Meer überquert zu haben und auf Inseln zu leben. Hier bereits wird das Konzept des Teichgartens mit Inseln und Küstenlinien vorgeprägt, eine Grundstruktur, welche die ganze japanische Gartengeschichte hindurch bis zum heutigen Tag bestimmen sollte.

Geblieben sind von jenen »Götterteich«-Anlagen der Frühzeit nur wenige Rudimente. Wichtigstes Beispiel ist der Garten des Schreines Ajiki-jinja in der Präfektur Shiga (Abb. 1). Recht gut erhalten sind hingegen die kaiserlichen Grabanlagen aus dem 3. bis 7. Jahrhundert, die sogenannten »Kofun«. Die meisten von ihnen finden sich in der Gegend von Nara (Abb. 2). Diese von Wassergräben umgebenen Grabhügel dokumentieren eindrucksvoll das tech-

12

nologische Vermögen der damaligen Bewohner Japans, in großem Maßstab Landschaft zu gestalten und umfangreiche Erdarbeiten zu bewältigen.

Ansonsten erschließen sich die allerersten Gärten Japans nur aus literarischen Quellen. Die frühesten historischen Aufzeichnungen des Inselreiches, das »Kojiki« und das »Nihon-shoki« erwähnen an einigen Stellen archaische Gartenanlagen. Aus der Ära des Kaisers Richū (400–405) etwa berichtet das »Nihon-shoki« erstmals über Bootsvergnügungen auf einem Gartenteich: »Im elften Monat ließ der Kaiser den Iware-Teich anlegen. Im Winter des dritten Jahres, am sechsten Tag des elften Monats, ließ der Kaiser auf dem Iware-Teich Boote zu Wasser. Zusammen mit seiner kaiserlichen Gemahlin fuhren sie auf dem Teich und amüsierten sich. Ein Diener servierte ihnen Reiswein. In jenem Augenblick fiel eine Kirschblüte in den Becher des Kaisers ...«

2 Gärten der Asuka- und Nara-Zeit (7./8. Jahrhundert) mit buddhistischen und taoistischen Elementen

Der Buddhismus begann etwa um die Mitte des 6. Jahrhunderts nach Japan einzudringen. Gleichzeitig wurde auf breiter Front die überlegene kontinentale Kultur aufgenommen. Im Rahmen dieser kulturellen Befruchtung der bis dahin eher rückständigen japanischen Inseln gelangten auch festländische Gartenmodelle ins Land der aufgehenden Sonne. Zahlreiche Priester, Künstler und Handwerker aus China und Korea vermittelten in dieser Zeit grundlegende kulturelle Fertigkeiten. Diese Vorgänge werden wiederum durch das »Nihon-shoki« belegt. Vor allem aus den Annalen der langen Regierungszeit der Kaiserin Suiko (592–628) ergibt sich ein ständiges Kommen und Gehen von Gesandtschaften und Missionen, Flüchtlingen und Studienreisenden von und nach China und den verschiedenen koreanischen Teilstaaten.

Aus dem Jahre 612 wird im »Nihon-shoki« die Geschichte eines unansehnlichen, möglicherweise leprösen Mannes berichtet, der aus dem koreanischen Staat Kudara (Koreanisch: Paekche) eingewandert war: Dieser Mann, Michiko no Takumi, sollte wegen seines häßlichen und abstoßenden Äußeren – sein Körper war mit weißen Flecken bedeckt – auf eine Insel im Meer verbannt werden. Er wußte sich jedoch zu wehren und argumentierte, daß man in Japan schließlich auch gescheckte Pferde und Kühe aufziehe. Endgültig konnte er sein Schicksal schließlich mit dem Hinweis auf eine spezielle Gabe abwenden. Er vermöge nämlich die Form von Hügeln zu machen, und damit wolle er dem Land von Nutzen sein.

Tatsächlich wurde er beauftragt, im Südteil des kaiserlichen Palastbezirkes einen »Shumi-Berg« und eine »Kure-Brücke« zu errichten. Diese beiden Elemente muß man als feste ikonographische Bestandteile der damaligen kontinentalen Gartentradition in Korea und China ansehen. Der »Shumi-Berg« bezeichnet den aus der buddhistischen Kosmologie entnommenen Weltenberg, eine Vorstellung, die ihrerseits auf hinduistische Traditionen zurückgreift. Seit dieser ersten Erwähnung im »Nihon-shoki« wurde der »Shumi-Berg« zu einem immer wieder auftauchenden Element des japanischen Gartens. Anders die als »Kure-Brücke« bezeichnete chinesische Brücke: Sie wird an der genannten Stelle nur einmal erwähnt und spielt in der nachfolgenden Entwicklung des Gartens keine Rolle mehr. Ob Michiko no Takumi im Südteil des kaiserlichen Palastes einen vollständigen Garten angelegt hat oder eine bereits vorhandene Garten-Anlage mit dem »Shumi-Berg« und der »Kure-Brücke« im Sinne der neuesten kontinentalen Gartenmode komplettierte, läßt sich aus der Textstelle nicht eindeutig herauslesen.

Wie der »Shumi-Berg« ausgesehen haben mag, bleibt gleichfalls unklar. Viele Gartenforscher halten es für denkbar, daß er in dieser frühen Phase durch eine Art Steinplastik repräsentiert wurde. Eine solche Plastik wurde 1903 in der Nähe von Nara ausgegraben, stand

3 Archaische Steinplastik, Darstellung des »Shumisen«, Nara. 7. Jh.

lange Zeit auf dem Gelände des Nationalmuseums von Tōkyō und befindet sich heute wieder in Nara (Abb. 3). Später wurde der »Shumi-Berg« als hervorgehobene Steingruppe oder als markante Insel innerhalb einer Teichanlage dargestellt.

Allmählich verschmolz die Wiedergabe des »Shumi-Berges« mit einer anderen ikonographischen Tradition des japanischen Gartens, nämlich mit der Abbildung des Hōrai-Berges. Hōrai (chinesisch: P'eng-lai) bezeichnet die aus der taoistischen Tradition Chinas stammende Vorstellung einer Insel der unsterblichen und nichtalternden Seligen. Schon in vorchristlicher Zeit soll diese Idee chinesische Kaiser dazu bewogen haben, Expeditionen nach der sagenhaften Insel auszusenden. Bereits in der Han-Zeit (202 v. Chr.–220 n. Chr.) soll unter dem Kaiser Wu die Hōrai-Insel zu einem Element der Gartengestaltung geworden sein. Wann sie tatsächlich Eingang in den japanischen Garten fand, läßt sich heute nicht mehr rekonstruieren. Berichte im »Nihon-shoki« weisen aber darauf hin, daß die Hōrai-Legende bereits im 5. Jahrhundert in Japan bekannt war, und so kann man vermuten, daß sie schon sehr früh auch in das Vokabular der Gartenkunst aufgenommen wurde.

Mit der Hōrai-Legende ist nicht nur die Darstellung des eigentlichen Hōrai-Berges verbunden, auch Inseln und Steingruppierungen in Kranich- und Schildkrötenform (vgl. Abb. 71, 72) als Symbole der Langlebigkeit gehören dazu. In späteren Epochen tauchten Steinsetzungen in Teichen oder in Trockenlandschaft-Gärten in Form eines aus dem Meer herausragenden Schatzschiffes auf (vgl. Abb. 36). Auch dieses gestalterische Element gehört zur Hōrai-Legende. Vor allem aber die Kranich- und die Schildkrötenform wurden zu einem festen Bestandteil des japanischen Gartens. Selbst in modernen Garten-Anlagen aus unserer Zeit finden sich diese archaischen Bilder.

Obwohl von den Gärten der Asuka- und Nara-Zeit heute kaum etwas erhalten ist, kann man annehmen, daß bereits zu jener Zeit Elemente der Hōrai-Legende in die Gartengestaltung einbezogen waren. Der Garten jener Zeit spiegelte also vor dem Hintergrund der urjapanisch-shintōistischen Naturauffassung bereits Ideen des Buddhismus und des Taoismus wider. Dieses Zusammenspiel ganz verschiedener geistiger Traditionen ist für Japan sehr typisch.

Einige Hinweise auf die Form damaliger Gärten ergeben sich außerdem aus mehreren Ausgrabungen, die während der letzten drei Jahrzehnte Erstaunliches zutage brachten. Danach waren die Teichgärten der Nara-Zeit flach und von geringer Flächenausdehnung, ihre Uferzonen oftmals wie Küstenlandschaften gestaltet. Auch für Brücken und in den Teich hineinreichende Terrassen fanden sich zahlreiche Anhaltspunkte.

3 Höfisch-aristokratische Gärten der Heian-Zeit (8.–12. Jahrhundert)

Die Verlegung der Hauptstadt nach Kyōto, dem damaligen Heian-kyō, markiert den Beginn einer großen Kulturblüte. Auch die Gartenkunst erreicht in der Heian-Zeit (794–1185) einen ersten Höhepunkt. Die literarischen Überlieferungen jener Zeit sprechen oftmals von Gärten, spätere Illustrationen zu den großen Prosawerken jener Epoche vermitteln gleichfalls ein sehr viel präziseres Bild von der damaligen Gartenkunst, als es in den vorangegangenen Epochen der Fall war. Vor allem aber sind aus der Heian-Zeit wesentlich mehr Garten-Anlagen zumindest fragmentarisch erhalten, und manches wurde in jüngster Zeit auch ausgegraben.

Drei Faktoren führten zu diesem Aufschwung in der Gartenkunst: Erstens begann der Garten sich allmählich von kontinentalen Modellen zu lösen und trat in ein Stadium der »Japanisierung« ein; zweitens bot die neue Hauptstadt Kyōto mit den umliegenden Bergen und Hügeln sowie ihren zahlreichen Wäldern und dem damit verbundenen Wasserreichtum ideale topographische Voraussetzungen für das Entstehen bedeutender Garten-Anlagen; drittens hat man diese Epoche mit Ausnahme ihrer Spätphase als ein Zeitalter relativer Friedfertigkeit und festgefügter sozialer Ordnung zu sehen. Erst dadurch wurde der herrschenden Klasse die materielle Basis geschaffen, eine aristokratisch geprägte Kultur von beispielloser Eleganz und ästhetischer Verfeinerung zu schaffen.

Der Garten der Heian-Zeit wurde endgültig zum Objekt ästhetischer Würdigung, ohne seine früher entwickelten Bindungen an religiöse Werte ganz aufzugeben. Wichtig wird nun die Funktion des Gartens als Bühne des sozialen Lebens für die aristokratische

Klasse. Man konnte ihn – im Fall der Palastgärten – vom Hauptgebäude des Palastes aus wie ein Bild betrachten, man konnte seinen Teich mit Booten befahren oder im Garten spazieren gehen. Am gewundenen Bach (»Yarimizu«) des Gartens fand nun regelmäßig das »Fest am Wasserlauf« (»Kyokusui no en«) statt. Zur Zeit der Pfirsichblüte versammelten sich dort die Höflinge und die feinen Damen der Gesellschaft. Man ließ ein gefülltes Reiswein-Schälchen den Bach hinabtreiben, und während das Schälchen seinen Weg nahm, wurden Gedichte verfaßt. Sobald das Schälchen an einem zuvor bestimmten Zielpunkt angelangt war, mußte auch das Gedicht vollendet sein.

Dieses »Fest am Wasserlauf« geht ähnlich wie so viele andere Elemente des japanischen Gartens auf kontinentale Vorbilder zurück. Noch heute findet sich eine solche Anlage in Kyongju in Südkorea (Abb. 4). Für Japan ist das Fest erstmals im 5. Jahrhundert durch eine Passage im »Nihon-shoki« belegt.

In der frühen Heian-Zeit setzt sich zunächst noch die Tradition der Gärten der Nara-Zeit fort. Erst in der mittleren und späten Heian-Zeit erwächst daraus ein mehr und mehr national geprägter Architektur- und Gartenstil. Diesen für die Heian-Zeit repräsentativen Stil nennt man »Shinden-zukuri« (Abb. 5). Er ist auf die »Schlafhalle« (»Shinden«) als dem zentralen Gebäude einer Palast-Anlage ausgerichtet. Diese »Schlafhalle« diente indes nicht nur der nächtlichen Ruhe, sondern integrierte sämtliche wichtigen Funktionen eines Palastgebäudes.

Der Shinden-zukuri-Stil vereinigt in sich drei Tendenzen: den Prunk des chinesischen Palastes, die Intimität des japanischen Hauses und die Transzendentalität des buddhistischen Tempels. Mit der Haupthalle (»Shinden«) waren untergeordnete Gebäudeteile zu einer lockeren Einheit zusammengefügt, indem man sie durch überdachte Korridore miteinander verband und in eine Garten-Anlage einbezog. Das Hauptgebäude ist mit seiner südlichen Längsseite auf den Teichgarten hin ausgerichtet. Zwischen Palast und Teich liegt eine freie Sandfläche, der sogenannte »Südgarten«

4   Garten-Anlage für das »Fest am Wasserlauf«, Kyongju, Südkorea. 9. Jh.   ▷

5 Darstellung eines Teichgartens der Heian-Zeit im Shinden-zukuri-Stil. Die einzelnen Elemente:

1 Haupthalle (Shinden) – 2 Westliches Nebengebäude – 3 Östliches Nebengebäude – 4 Mitteltor – 5 Quellpavillon (Izumidono) – 6 Korridor – 7 Künstlicher Berg (Tsukiyama) – 8 Teich – 9 Hauptinsel – 10 Pavillon zum Fischen – 11 Kutschenhaus – 12 Stall – 13 Dienerquartiere

寝殿全圖

これ、古圖より見とると
大概と筆の圖も所
あり

(»Nantei«). Im Teich gab es mehrere Inseln, die vom Ufer aus über rotlackierte, gebogene Holzbrücken zu erreichen waren. Der Bach mündete von Nordosten her in den Teich ein, im Südwesten befand sich der Abfluß. Als neue gestalterische Elemente tauchen in der Heian-Zeit künstlich angelegte Hügel (»Tsukiyama«) und Stein-gruppierungen in Form von Wasserfällen (»Taki-ishigumi«) auf.

Der Garten der Heian-Zeit ist bereits als Bühne des sozialen Lebens der aristokratischen Klasse erwähnt worden. Schon beim »Südgarten« fängt es an: Die große freie Fläche zwischen Palast und Teichgarten wird zum Schauplatz religiöser Zeremonien, zum Austragungsort von ritterlichen Wettkämpfen und ähnlichen Akti-vitäten. Im Garten werden auch Feste gefeiert. Oft wird dabei der großflächige Teich mit Booten befahren.

Eines ist sicher: Der japanische Garten ist in dieser Phase noch nicht Refugium zurückgezogener, meditativer Naturbetrachtung wie in späteren Epochen. Vielmehr ist er ein Ort, der von Musik und Dichtung erfüllt ist, ein Stück gestaltete Natur, in der kräftige Farben vorherrschen. Die Jahreszeiten mit ihren jeweiligen Blüten und dem farbigen Herbstlaub spielen hier noch eine dominierende Rolle. Von den Gärten der Heian-Zeit ist heute keiner mehr intakt erhalten. Allerdings gibt es eine Reihe von Garten-Anlagen, die zumindest teilweise auf jene Epoche zurückgehen. Dazu zählen in Kyōto der »Shinsen-en« (»Garten zur göttlichen Quelle«), der Teichgarten des »Ryōan-ji« (Abb. 6) und der Osawa-Teich beim heutigen Daikaku-Tempel (»Daikaku-ji«; vgl. Abb. 55, 57).

Der »Shinsen-en« wurde schon zu Beginn der Heian-Zeit im Jahre 800 vollendet. Er hatte eine Nord-Süd-Ausdehnung von 4800 Metern und eine Breite von 2400 Metern. Dieser kaiserliche Privat-garten galt als die prächtigste Garten-Anlage seiner Zeit (Abb. 7). Heute allerdings ist davon nur noch ein kleiner Rest in der Nähe des Schlosses Nijō-jō erhalten. Die Wiedergabe dieses Gartens im »Miyako Rinsen Meisho Zue«, einer Art Reiseführer durch Kyōto des 17. Jahrhunderts, ist schon fiktiv, denn damals war der Garten in

◁ 6 Teichgarten der Heian-Zeit: Die Anlage des Daishu-in liegt direkt unterhalb des Ryōan-ji-Steingartens, Kyōto. 12. Jh.

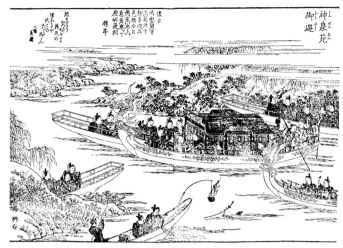

7　Höfisches Fest der Heian-Zeit im Garten des Shinsen-en. Darstellung im »Miyako Rinsen Meisho Zue«

seiner ursprünglichen Gestalt längst zerstört. Trotzdem gibt die Darstellung der mit Höflingen besetzten Boote eine Vorstellung von den Ausmaßen des Teiches.

Am besten erhalten von allen Gärten der Heian-Zeit ist eine Anlage im hohen Norden der japanischen Hauptinsel Honshū, der Garten des Mōtsu-ji. Gerade die Tatsache, daß dieser Garten nicht im so oft von Feuersbrünsten und kriegerischen Verwicklungen heimgesuchten Kyōto lag, mag zu seiner guten Konservierung beigetragen haben. Der Mōtsu-ji ist ein Tempel der Tendai-Schule des Buddhismus. Der Garten wurde um 1144 unter Fujiwara Motohira angelegt.

Neben den eher spärlichen Resten von ehemals grandiosen Garten-Anlagen gibt es zum Glück literarische Quellen, die über einige Gärten Auskunft geben. Eine Szene im »Genji monogatari«, der Geschichte vom Prinzen Genji, schildert beispielsweise den Besuch des regierenden Kaisers beim Ex-Kaiser. Im großen Teichgarten des Palastes wurden Gedichtwettbewerbe und musikalische Vergnügungen veranstaltet, etwa so, wie es die Darstellung des »Shinsen-en« zeigt.

Auch im Kopfkissenbuch der Hofdame Sei Shonagon (»Makura no Sōshi«) heißt es an einer Stelle im Zusammenhang mit der Nachtigall: »Wie bedauerlich und merkwürdig ist es doch, daß sie sich nie innerhalb des kaiserlichen Palastbereiches zeigt! Zuerst konnte ich es nicht glauben, aber tatsächlich habe ich während meines zehnjährigen Aufenthaltes bei Hofe niemals ihre Stimme im Palastgarten gehört, obwohl es an schönen Pflaumenbäumen nicht fehlt.«

Literarische Schilderungen wie diese bestätigen das oben gezeich-nete Bild der Heian-Gärten: Es sind Gärten der Farben, des Spiels und der Lebensfreude. Dies läßt sich auch auf vielen in der Kamakura-Zeit entstandenen Querrollen (»Emakimono«) ablesen, die vielfach die höfische Epik der vorangegangenen Heian-Zeit illustrieren.

4 Paradiesgärten der späten Heian- und Kamakura-Zeit (12.–14. Jahrhundert)

In der späten Heian-Zeit nahm die Entwicklung des japanischen Gartens einen Verlauf, der zwar einerseits die bisherige Tradition des Palastgartens kontinuierlich fortführte, andererseits aber bereits deutlich auf die nachfolgende, mehr nach innen gerichtete Fortentwicklung des japanischen Gartens zu einer Stätte religiöser Meditation hinwies. Große Garten-Anlagen entstanden nunmehr überwiegend im Rahmen von buddhistischen Tempeln. Die Tempel-Architektur hatte sich im Verlauf der Heian-Zeit zunehmend vom chinesischen Vorbild gelöst und wurde mehr und mehr vom nationalen Shinden-zukuri-Stil beeinflußt. Auch die Gartengestaltung jener Tage reflektierte diesen Trend.

Wichtig für den Garten wurde die Tatsache, daß in jener Zeit der Amida-Buddhismus in Japan aufblühte und zahlreiche Tempel-Anlagen für diese Schule des Buddhismus gegründet wurden. Der Amida-Buddhismus betont im Gegensatz zu anderen buddhistischen Richtungen die Vorstellung eines paradiesischen Jenseits. Dieses sogenannte »Reine Land im Westen« wurde auf bestimmten Kultbildern (»Mandala«) dargestellt (vgl. S. 105). Später übertrug man dies auch auf die Gartenkunst, und so entstanden Garten-Anlagen, die als Manifestationen buddhistischer Paradiesvorstellungen zu verstehen sind.

Bei diesen Paradiesgärten änderte sich die Grundstruktur der vorherigen Palastgärten kaum – auch hier gab es einen Teich mit Inseln und eine Landschaft mit künstlichen Hügeln. Es kam allenfalls vor, daß das Hauptgebäude, die Buddha-Halle, mitten auf der zentralen Insel errichtet wurde. Typisches Beispiel für einen frühen Paradiesgarten ist der Byōdō-in in dem kleinen Städtchen Uji

8   Phönix-Halle des Byōdō-in, Uji bei Kyōto. 11. Jh.

südlich von Kyōto (Abb. 8). Diese Anlage wurde ursprünglich um das Jahr 1000 von Fujiwara Michinaga als Villa errichtet. Dessen Sohn Fujiwara Yorimichi wandelte sie 1052 in einen Tempel der Tendai-Schule um und ließ die berühmte Phönix-Halle (»Hōōdō«) bauen. Diese Halle – mit ihrem elegant ausschwingenden Dach ein Glanzstück der japanischen Architekturgeschichte – und der schöne Lotus-Teich vermitteln noch heute eine Vorstellung, wie man vor 900 Jahren versucht hat, eine paradiesische Vorstellung in Architektur und Gartenkunst zu visualisieren (Abb. 9).

Gegen Ende der Heian-Zeit und in der frühen Kamakura-Zeit trat ein anderer Gartentypus mit struktureller Zweiteilung auf, der vom Paradies-Denken beeinflußt war: Unten ist ein traditioneller Teichgarten angelegt, oben hingegen finden sich lediglich schlichte Steinsetzungen. Diese Garten-Anlage wurde durch das dualistische

9   Lotus-Teich des Paradiesgartens im Byōdō-in, Uji bei Kyōto. 11. Jh. ▷

10   Teichgarten im Saihō-ji, dem »Moostempel« (»Kokedera«), Kyōto. 12./14. Jh. ▷ ▷

Denken des Amida-Buddhismus geprägt, das die paradiesische Sphäre des »Reinen Landes« als absoluten Gegensatz zur kargen und häßlichen Realität des Diesseits begriff. Dementsprechend drückte der opulent in bunten Farben gestaltete Teichgartenteil die Paradiesvorstellung aus, während die kargen Steingruppen Sinnbild für die real existierende Wirklichkeit waren.

Ein Prototyp dieser dualistisch gegliederten Gartenform ist der berühmte »Moostempel« (»Kokedera«) in Kyōto, dessen offizieller Tempelname »Saihō-ji« ist (Abb. 10).

Der Tempelüberlieferung zufolge befand sich hier schon in der Nara-Zeit eine Tempel-Anlage. Der Garten in seiner heutigen Grundstruktur geht indes auf die späte Heian-Zeit zurück, als er von Fujiwara Morokazu wiederhergestellt wurde. Fujiwara Morokazu gehörte zur wichtigsten Aristokratenfamilie der damaligen Zeit und war ein dezidierter Anhänger des Amida-Buddhismus. Im Jahr 1339 wurde der Tempel in einen Zen-Tempel umgewandelt. Musō Kokushi, einer der bedeutendsten Zen-Priester des 14. Jahrhunderts, veränderte in den folgenden Jahren Gebäude und Garten-Anlage im Sinne der funktionalen Erfordernisse eines Zen-Tempels und der ästhetischen Leitlinien des Zen. Erhalten blieb jedoch die ursprüngliche duale Grundstruktur des Gartens aus der Heian-Zeit. Vergleicht man die Teichform des Saihō-ji-Gartens mit den früheren großflächigen Teichen aristokratischer Palast-Anlagen, so ist festzustellen, daß das Ausmaß der Wasserfläche viel geringer und die Ausdehnung der Inseln viel größer geworden ist.

Über die Teichform wird mitunter gesagt, sie verkörpere die Form des chinesischen Schriftzeichens für »Herz«. Aber nicht dies macht diesen Garten heute zu einer der herausragenden Anlagen in Japan. Vielmehr ist es die Fülle der verschiedenen Grüntöne, die dem Garten eine Atmosphäre besonders gesteigerter Innerlichkeit und Ruhe geben. In keinem anderen japanischen Garten gibt es so viele verschiedene Moosarten wie im Saihō-ji, der daher im Volksmund auch »Moostempel« heißt.

Der ganze Garten ist offensichtlich mehr in der Absicht angelegt worden, um darin spazieren zu gehen als mit Booten auf dem Teich zu fahren. Dieser Funktionswandel des Gartens ist kennzeichnend für die Kamakura-Zeit. Denn die politische Entwicklung dieser

Epoche war ja geprägt durch den Niedergang des Hofadels in Kyōto und den parallelen Aufstieg der Samurai-Schicht, die in Kamakura mit der Errichtung der Shōgunatsregierung das wirklich relevante Machtzentrum des Landes aufbaute.

Der Lebensstil der Samurai-Familien war ein ganz anderer als der der Familien des kaiserlichen Hofadels in Kyōto. Bei den Samurai ging es spartanischer und bescheidener, direkter und zweckrationaler zu. Die Samurai-Familien wurden bald zu den wichtigsten Förderern des Zen-Buddhismus, der sich unter Eisai (1141-1215) und Dōgen (1200-1253) in Japan etabliert hatte.

Der Zen-Buddhismus entwickelte allmählich seine eigene Kunstpraxis und eine spezifische Ästhetik, die besonders auch die Gartenkunst, vor allem im 15. und 16. Jahrhundert, beeinflußt hat.

5 Adelsgärten der Muromachi-Zeit (14.-16. Jahrhundert)

In der Kamakura-Zeit (1185-1333) war es zu einer bipolaren Machtstruktur in Japan gekommen: Das an Einfluß verlierende Kaiserhaus residierte wie eh und je in Kyōto, während die wirklichen Machthaber im Lande, die Samurai, ihr Verwaltungszentrum in Kamakura in der Nähe des heutigen Tōkyō aufgebaut hatten. Für die Gartenentwicklung bedeutete dies eine gewisse Stagnation, denn das Kaiserhaus hatte nicht mehr die finanzielle Kraft, um aufwendige Garten-Anlagen zu errichten, und den Samurai in Kamakura fehlte das ästhetische Engagement dazu.

Im Jahre 1333 versuchte Kaiser Godaigo, die reale Regierungsmacht für das Kaiserhaus zurückzugewinnen. Damit war er allerdings nur kurzfristig erfolgreich, denn schon nach wenigen Jahren lag die Macht wieder bei einer Familie der Samurai-Schicht, diesmal bei den Ashikaga. Die Ashikaga residierten jedoch nicht wie ihre Vorgänger in Kamakura, sondern gingen nach Kyōto. Die alte, traditionelle Kaiserstadt war somit wiederum sowohl Sitz des Kaiserhauses als auch reales Machtzentrum des Landes mit der neuerrichteten Shōgunatsregierung der Ashikaga-Familie. Diese Familie stellte zwischen 1338 und 1573 insgesamt 15 Shōgune. Zumindest während der letzten hundert Jahre dieses Zeitraumes hatten jedoch auch die Shōgune die Macht im Lande verloren. Japan durchlebte damals eine Zeit ständiger Bürgerkriege und sozialer Neuordnung.

11   Kinkaku-ji (»Tempel zum Goldenen Pavillon«), Kyōto. Ende 14. Jh.   ▷

12 Darstellung des Kinkaku-ji-Gartens im »Miyako Rinsen Meisho Zue«

Die Ashikaga-Shōgune hatten sich zwar politisch-militärisch gegen das Kaiserhaus durchgesetzt, in kulturellen Belangen galten sie jedoch als Parvenüs, was die ersten Ashikaga-Shōgune durch Anpassung an die immer noch als überlegen empfundene Aristokratenkultur des kaiserlichen Hofes zu kompensieren trachteten.

Allerdings war in der vorangegangenen Kamakura-Zeit auch eine eigene kulturelle Identität der Samurai-Schichten entstanden, die weitgehend von den ästhetischen Idealen des Zen-Buddhismus geprägt war, wie sie hauptsächlich durch Zen-Mönche aus dem

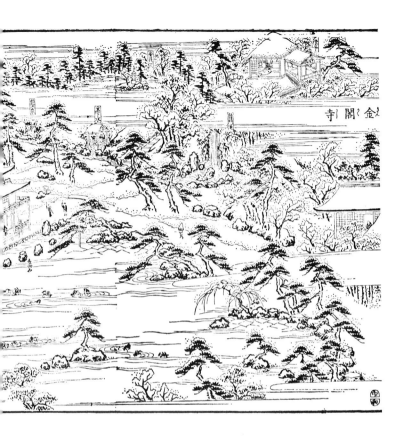

China der Sung- und Yüan-Zeit nach Japan übermittelt worden waren.

Die spezifische Muromachi-Kultur vereinte in sich die traditionelle aristokratische Kultur Japans und die neue Kultur des chinesischen Festlands. Die Samurai-Schichten und insbesondere die Ashikaga-Familie wirkten in diesem Prozeß wie ein Katalysator.

Das Aufblühen der neuen Muromachi-Kultur begünstigte auch die Entwicklung des Gartens. Ja man kann sagen, daß es gerade der geistige und soziale Umbruch dieser Zeit war, der die Muromachi-

14 Steinsetzungszone im Garten des Jōei-ji, Yamaguchi, Westjapan. Ende 15. Jh.

Zeit zur kreativsten Phase der gesamten japanischen Gartenge-
schichte machte. Am Anfang dieser Epoche entstanden glanzvolle
Teichgarten-Anlagen, später wurden mit ungleich bescheideneren
Mitteln die berühmten Steingärten in Zen-Tempeln geschaffen.

Bereits unter dem ersten Ashikaga-Shōgun, Takauji, wurde eine
prächtige Palast-Anlage mit einem ebenso prächtigen Garten
gebaut, die im Volksmund »Blumenpalast« (»Hana no Gosho«)
genannt wurde. Von dieser Anlage ist heute nichts mehr erhalten.
Der dritte Shōgun, Ashikaga Yoshimitsu, hinterließ als seinen
Alterssitz den »Tempel zum Goldenen Pavillon« (»Kinkaku-ji«;
Abb. 11,12). Sein offizieller Name ist »Rokuon-ji«.

Dieser »Goldene Pavillon« mit seinem prachtvoll angelegten
Teichgarten symbolisiert den Zeitgeist der frühen Muromachi-Zeit.
Die Anlage wurde in den Jahren nach 1397 errichtet, nachdem
Ashikaga Yoshimitsu den Shōgunat niedergelegt hatte. Auf dem

◁ 13 Garten des Ginkaku-ji (»Tempel zum Silbernen Pavillon«) mit Natursteinbrücke, Kyōto. Ende 15. Jh.

Terrain an der westlichen Peripherie Kyōtos war knapp zweihundert Jahre zuvor ein Teichgarten im Paradiesgarten-Stil angelegt worden. Dieser Garten wurde nun erweitert, neue Steinsetzungen und Inseln kamen hinzu. Dabei ließ sich Yoshimitsu, der selber aktiven Anteil an der Gestaltung des neuen Gartens nahm, vom Vorbild des berühmten Saihō-ji-Gartens leiten (vgl. Abb. 31).

Mehrere Gebäude wurden errichtet, wovon das prächtigste der berühmte »Goldene Pavillon« war. Besonders dieser Bau repräsentiert den Grundtenor der frühen Muromachi-Zeit, einer Epoche, deren ästhetische Vorstellungen noch überwiegend durch die Auffassung der höfischen Aristokratie bestimmt waren.

Dennoch tritt bereits in dieser Phase etwas qualitativ Neues hinzu. Der »Goldene Pavillon« ist nämlich nicht mehr im reinen Shinden-zukuri-Stil, der Bauweise der Heian- und Kamakura-Zeit, gebaut worden. Vielmehr weist der dreistöckige Bau in seinem obersten Stockwerk mit den »Blumenkopffenstern« (»Katōmado«) ein typisches Stilmerkmal der Zen-Architektur auf. Beide Elemente – Shinden-zukuri-Stil im unteren Teil und Zen-Stil im oberen Teil – verbinden sich hier zu einer großartigen Synthese, trotz der Diskrepanz zwischen dem eigentlich auf natürlichen Holzfarben basierenden japanischen Architekturideal und dem mit aufgelegten Goldplättchen verzierten Pavillon, zwischen Prachtentfaltung und ästhetischer Reduktion, wie sie für wahre Zen-Kunst charakteristisch ist.

Die Anlage des »Tempels zum Silbernen Pavillon« (»Ginkaku-ji«) entspricht dem reinen Zen-Stil schon viel mehr (Abb. 13). Ab 1482 ließ Ashikaga Yoshimasa, der Enkel von Yoshimitsu, am »Ostberg« (»Higashiyama«) in Kyōto ein Juwel japanischer Architektur und Gartenkunst errichten. Dieser Bau ist bezeichnend für die Herausbildung neuer ästhetischer Leitlinien, die sich durch Unscheinbarkeit, Einfachheit, Natürlichkeit und eine kontemplativ-meditative Innenschau auszeichnen. Unter Yoshimasa gelangte zur Reife und Vollendung, was sich schon bei Yoshimitsu angebahnt hatte: eine autochthone japanische Kunsttradition, die sowohl das Erbe der traditionellen Heian-Kultur als auch den Einfluß der aus China eingeführten Zen-Kunst in sich vereinigte.

Der Garten des Ginkaku-ji ist die letzte großangelegte Teichgarten-Anlage der Muromachi-Zeit. Er wurde nach 1490 vollendet, nachdem Yoshimasa bereits gestorben war. Da dieser Garten – wie schon zuvor der Garten des »Goldenen Pavillons« – nach dem Vorbild des Saihō-ji-Gartens geschaffen wurde, ist auch hier eine strukturelle Zweiteilung in einen unten gelegenen Teichgarten-Teil und eine höher gelegene Zone karger Steinsetzungen zu erkennen. Dies wurde deutlich durch Ausgrabungen in den 20er Jahren.

Gartenkunst blieb in der Muromachi-Zeit nicht auf Kyōto beschränkt. Wie kaum jemals zuvor, sind in dieser Zeit kulturelle Ausstrahlungseffekte von der Hauptstadt aus zu erkennen. Besonders die regionalen Fürsten der westlich von Kyōto gelegenen Provinzen versuchten es den Ashikaga gleichzutun. Herausragendes Beispiel für einen solchen Provinzgarten ist der Garten des Jōei-ji in Yamaguchi, einer kleinen Stadt ganz im Westen der Hauptinsel Honshū. Dieser Tempelgarten zählt zu den Garten-Anlagen, die dem berühmten Zen-Maler Sesshū (vgl. Abb. 112) zugeschrieben werden. Wenn diese Zuschreibung zutrifft, dann müßte der Garten entweder vor der Reise des Malers nach China im Jahre 1465 entstanden sein oder aber nach dessen langen Wanderjahren erst Ende des Jahrhunderts.

Fest steht, daß jener Garten auf Veranlassung der Familie Ōuchi, einer der mächtigsten Samurai-Familien jener Epoche, errichtet wurde. Er läßt sich in drei Teile gliedern: eine relativ breite Zone vor dem Hauptgebäude des Tempels mit zahlreichen Steinsetzungen und beschnittenen Sträuchern (»Karikomi«; vgl. Abb. 106), im Anschluß daran einen Teich mit mehreren kleinen Inseln und als Hintergrundkulisse einen mit Bäumen dicht bestandenen Berg. Auf der rechten Seite des Teiches ist ein besonders eindrucksvoller, siebenstufiger »trockener Wasserfall« (»Karetaki«) angelegt. Dieser Wasserfall und die breite Steinsetzungszone vor dem Hauptgebäude sind als Elemente zu werten, die bereits auf den Stil des Trocken-landschaft-Gartens hinweisen. Die Steinsetzungen beschreiben eine Landschaftsfiguration, die als »Drei Berge und Fünf Gipfel« (Sanzan gogaku; vgl. Abb. 38) in die Ikonographie des japanischen Gartens eingegangen ist (Abb. 14). Ursprünglich waren damit acht Berge des großen chinesischen Reiches gemeint, die in ihrer Zusammenstellung idealtypisch China darstellen sollten. In Japan ist dieses Schema leicht variiert: Ein Berg trägt die Form des Fuji.

6 Feudalgärten der Edo-Zeit (17.-19. Jahrhundert)

Die Edo-Zeit (1603–1868) ist eine der stabilsten Epochen der japanischen Geschichte. Sie löste ein Zeitalter ständiger Bürgerkriege und sozialer Umschichtungen im 15. und 16. Jahrhundert ab und dauerte bis zur erzwungenen Öffnung des Landes im Jahr 1868. Gekennzeichnet ist diese Epoche durch die Errichtung einer erneuten Shōgunatsherrschaft – diesmal war die Tokugawa-Familie die siegreiche Kraft im Lande – und eine fast totale Isolierung der japanischen Inseln von der übrigen Welt.

Wie schon in der Kamakura-Zeit nahm die neue Shōgunatsregierung ihren Sitz nicht in Kyōto, sondern in Edo, dem heutigen Tōkyō. Die etwa 250jährige Herrschaft des Tokugawa-Shōgunats brachte dem Land zunächst gesellschaftliche Stabilität und eine Prosperität, die zum Erstarken des Bürgertums und zur Herausbildung einer eigenständigen bürgerlichen Kultur führte. Erst gegen Ende des 18. Jahrhunderts begann das wirtschaftliche Fundament des Systems brüchig zu werden. Die Bauern und die niederen Samurai-Schichten verarmten, die Kaufleute wurden immer reicher.

Im 17. Jahrhundert war jedoch von solchen gesellschaftlichen Spannungen noch nichts zu bemerken. Das feudalistisch strukturierte Gesellschaftssystem funktionierte zunächst zur allseitigen Zufriedenheit. Auch das Kaiserhaus konnte sich jetzt wieder einen aufwendigen Lebensstil leisten – dank der großzügigen Unterstützung durch Tokugawa-Shōgune.

15 Kaiserliche Villa Katsura (Katsura Rikyū), Kyōto. 17. Jh. ▷

So kam es, daß kostenintensive, großflächige Garten-Anlagen im 17. Jahrhundert sowohl für die kaiserliche Familie in Kyōto als auch für die Tokugawa und ihre Gefolgsleute in der neuen Residenzstadt Edo gebaut wurden. Für den neuen Shōgun entstand in Kyōto ein Palast mit einer großen Garten-Anlage, der Nijō-jō.

Herausragende Beispiele für feudale Garten-Anlagen der Edo-Zeit sind in Kyōto zwei kaiserliche Landsitze, der Katsura Rikyū und der Shugaku-in Rikyū.

Der Katsura Rikyū (Abb. 15, Frontispiz S. 2) wurde nach 1620 unter dem kaiserlichen Prinzen Toshihito, einem jüngeren Bruder des Kaisers Goyōzei, errichtet. Das Terrain dieser Garten-Anlage diente wahrscheinlich bereits in der Heian-Zeit der Fujiwara-Familie als Landsitz, und es ist möglich, daß der Teich des heutigen Gartens ursprünglich zu jener Anlage gehörte.

Nachdem Toshihito 1629 gestorben war, vollendete sein Sohn Noritada Architektur und Gartenentwurf des Katsura Rikyū. Toshihito und Noritada gehörten zu einer Seitenlinie der kaiserlichen Familie, die durch guten Kontakt zum Shōgun reichlich mit Geld ausgestattet war. Dies ermöglichte ihnen einen Lebensstil, der sich an der Aristokratie in der Heian-Zeit orientierte. Ähnlich wie es damals üblich gewesen war, haben Toshihito und Noritada selbst Einfluß auf die Gartengestaltung genommen. Dabei standen ihnen sicherlich erfahrene Gartenmeister zur Seite. Die Zuschreibung des Gartens an den berühmtesten Gartengestalter jener Tage – an Kobori Enshū – gilt jedoch heute als sehr fraglich. Zweifellos spiegelt sich aber dessen Stil in manchem konstruktiven Detail des Gartens wider.

Wenn also der Garten im Geist der Rückbesinnung auf die Heian-Zeit errichtet wurde, so ist dies nur ein Aspekt des Katsura Rikyū. Gleichzeitig hat er auch typische Elemente der Muromachi- und Momoyama-Zeit in sich aufgenommen.

Der Teichgarten hat eine sehr komplizierte Form. Seine Inseln und Halbinseln vermitteln immer wieder völlig neue Landschaftsaspekte. Insgesamt gibt es 16 Brücken in der Garten-Anlage. Um den Teich herum gruppieren sich mehrere kleine Teegarten-Segmente. 23 Steinlaternen und acht Wasserschöpfbecken im Katsura Rikyū unterstreichen als typische Requisiten eines Teegartens die

Bedeutung der Teezeremonie für die Gesamtanlage. Gerade durch diese Elemente unterscheidet sich der Garten des Katsura Rikyū entscheidend von den früheren großen Teichgärten. Denn der Teegarten, der sich in der späten Muromachi- und vor allem in der Momoyama-Zeit (16. Jh.) entwickelt hatte, knüpfte in vielerlei Hinsicht an die Gartentechnik des Trockenlandschaft-Gartens an. Man kann also somit im Garten des Katsura Rikyū gerade durch die Verbindung des traditionellen Teichgarten-Prinzips mit Elementen des Teegartens eine großartige Synthese der vorangegangenen Entwicklungen der japanischen Gartenkunst sehen. Die Tendenz japanischer Kunst zu synkretistischen Lösungen kommt hier exemplarisch zum Ausdruck.

Garten und Architektur des Katsura Rikyū sind von Bruno Taut und Walter Gropius als formvollendete Gestaltung gepriesen worden. Der Bauhaus-Architekt Bruno Taut sah, als er in den 30er Jahren auf der Flucht vor dem Nazi-Deutschland nach Japan kam, in den klaren und einfachen Bauten des Katsura-Palastes die funktionalistischen Prinzipien der Bauhaus-Tradition in höchster Vollendung realisiert. Seine Begeisterung über diese Anlage hat dann schließlich dazu geführt, daß auch die Japaner wieder auf die Bedeutung dieses lange vergessenen kaiserlichen Gartens aufmerksam wurden.

Der Shugaku-in Rikyū (Abb. 16) ist die zweite große kaiserliche Garten-Anlage in Kyōto aus der Edo-Zeit. Dieser Garten wurde etwa in der Mitte des 17. Jahrhunderts für den zurückgetretenen Kaiser Gomizunoo gebaut, dessen Frau aus der Tokugawa-Familie, also aus dem Haus des Shōgun, stammte.

Ähnlich wie Prinz Toshihito beim Katsura Rikyū kümmerte sich auch Kaiser Gomizunoo persönlich um die Gartengestaltung. Der Garten des Shugaku-in Rikyū liegt außerhalb von Kyōto im Nordosten an einem Berghang. Er ist flächenmäßig eine der größten Garten-Anlagen in Japan, die sich aus drei selbständig gestalteten Garten-Segmenten zusammensetzt, die lediglich durch Wege miteinander verbunden sind. Diese Wege führen durch Reisfelder, die zu dem Anwesen gehören und mit dazu beitragen, der Gesamtanlage ein rustikales Ambiente zu geben, das in deutlichem Gegensatz zu den anderen großen Gärten in Kyōto steht.

16 Shugaku-in: eine der großen kaiserlichen Garten-Anlagen, Kyōto. Mitte 17. Jh.

18 Daimyō-Garten in Tōkyō: Rikugi-en. Frühes 18. Jh. ▷

19 Bergeinsamkeit im Norden von Kyōto: der Sanzen-in, Kyōto. 17. Jh. ▷

20 Teichgarten im Hōshun-in, Daitoku-ji, Kyōto. 18. Jh. ▷

17 Panorama-Blick im Shugaku-in, Kyōto. 17. Jh.

18

19

20

Die Anlage des Shugaku-in Rikyū war denn auch nicht als ständiger Aufenthaltsort des Kaisers Gomizunoo konzipiert, sondern eher als Landsitz, auf den man sich für einige Tage zurückziehen konnte. Die Architektur besteht daher nur aus kleinen, elegant konzipierten teehausartigen Gebäuden.

Die beiden unteren Gartenteile sind eher konventionell gestaltete Anlagen mit kleinen Teichen. Herausragend ist jedoch der obere Garten. Dort entstand ein großer Teich, für dessen Konstruktion ein großer Erddamm parallel zum Berghang aufgeschüttet werden mußte. Oberhalb dieses Teiches liegt auf einer mit beschnittenen Büschen (»Karikomi«) bestandenen Anhöhe ein Aussichtspavillon. Von dort aus hat man einen großartigen Blick über den Teich bis hin zu den fernliegenden Hügelketten (Abb. 17). Diese Landschaftskulisse und die Dimensionen und Uferlinien des Teiches sind sorgfältig aufeinander abgestimmt und in einen gemeinsamen Plan einbezogen. In der japanischen Gartenkunst wird diese Technik des Einkomponierens der umliegenden Landschaft in einen Gartenentwurf »geborgte Landschaft« (»Shakkei«) genannt.

In einem etwas anderen soziokulturellen Kontext als die Anlagen des Katsura Rikyū und des Shugaku-in Rikyū in Kyōto stehen jene Gärten, die während der Edo-Zeit in Tōkyō, dem damaligen Edo, entstanden. Denn hier waren es Angehörige der neuen Machtelite, die sich üppige Residenzen bauen ließen. Neben der Tokugawa-Familie, die den Shōgun stellte, mußten auch die großen Provinzfürsten (»Daimyō«) aufwendige Häuser mit großen Garten-Anlagen errichten lassen, da sie einen großen Teil des Jahres in Edo präsent sein mußten. Die Tokugawa-Shōgune wollten dadurch potentielle Rivalen unter direkter Kontrolle behalten. Gleichzeitig bedeutete die Errichtung und Unterhaltung eines zweiten Wohnsitzes eine große finanzielle Belastung. Die Daimyō waren also gezwungen, ihr Geld für Paläste und prachtvolle Garten-Anlagen auszugeben, für militärische Abenteuer blieb da nicht viel übrig.

Berühmtestes Beispiel eines Feudalgartens ist in Tōkyō der Kōraku-en (vgl. Abb. 85), der seit 1629 für Tokugawa Yorifusa, einen Verwandten des regierenden Shōgun, gebaut wurde. Der Name des Gartens geht auf einen konfuzianischen Ausspruch zurück: »Wir sorgen uns schon eher, bevor das Reich ins Unglück kommt; wir freuen uns erst, nachdem das ganze Reich sich freut.« Aus dem letzten Teilsatz nahm man die Begriffe »nachdem« und »freuen« und hatte so den Namen Kōraku-en (»Garten der nachherigen Freude«). Die Wortwahl ist bezeichnend für den großen Einfluß des konfuzianischen Denkens, das im 17. Jahrhundert mit einer erneuten Welle chinesischen Einflusses in Japan wirksam geworden war.

Der Garten ist im Umwandelstil angelegt. Zahlreiche Wege führen um den ziemlich großen Teich herum, der eine größere Insel aufzuweisen hat. Typisch für die Gartenkunst dieser Epoche ist die mehr oder weniger naturalistische Wiedergabe berühmter Landschaften in Japan oder China.

Der Rikugi-en (Abb. 18) wurde um 1702 in Edo als Daimyō-Garten für Yanagisawa Yoshiyasu angelegt. Ähnlich wie beim Kōraku-en handelt es sich um einen großen Teichgarten mit zentraler Insel. Beim Umherwandeln in diesem Garten stößt man ebenfalls auf zahlreiche Landschaftszitate und literarische Anspielungen.

Beide Anlagen, Kōraku-en und Rikugi-en, sind trotz wiederholter Zerstörungen und Beschneidungen in ihrem Kern ziemlich intakt geblieben. Inmitten der Hektik des heutigen Tōkyō wirken sie wie grüne Oasen.

Fürstliche Garten-Anlagen entstanden aber auch außerhalb von Kyōto und Edo (Tōkyō). Der vielleicht berühmteste ist der Kōraku-en-Garten von Okayama (Abb. 21), ein Namensvetter des beschriebenen Gartens von Tokugawa Yorifusa in Edo. Er wurde nach 1686 für Ikeda Tsunamasa, den Daimyō der Provinz Bizen, gebaut. Zu Füßen des Schlosses gelegen, ist dieser Garten in formaler Hinsicht den großen Feudalgärten in Tōkyō ähnlich. Sein Teich hat allerdings drei Inseln.

Neben den großflächigen feudalen Residenzgärten entstanden im Lauf der Edo-Zeit jedoch auch kleinere Tempelgärten, die dem traditionellen Teichgarten-Prinzip folgten. Einer der schönsten in dieser Gruppe ist der Garten des Tempels Sanzen-in an einem Berghang im Norden von Kyōto (Abb. 19). Unter hohen Zedern

21 Landschaftsgarten im »Umwandelstil«: Kōraku-en, Okayama. Ende 17. Jh. ▷

zeigt dieser Garten weite Moosflächen, beschnittene Büsche und einige Steinsetzungen an der Peripherie des kleinen Teiches.

Selbst innerhalb der kleinen Subtempel in den großen Tempelkomplexen des Zen-Buddhismus entstanden in dieser Zeit miniaturisierte Teichgärten, wie es exemplarisch im Hōshun-in innerhalb des Daitoku-ji zu sehen ist (Abb. 20, 22).

◁ 22 Hōshun-in-Garten mit Hausteinbrücke, Steinlaterne und Pavillon, Kyōto. 18. Jh.

7 Moderne Teichgarten-Anlagen (19./20. Jahrhundert)

Die Übergabe der Regierungsgewalt von der Shōgunatsregierung an das Kaiserhaus – vertreten durch den damals erst 15jährigen Kaiser Meiji – macht das Jahr 1868 zu einer wichtigen Zäsur in der japanischen Geschichte. Denn dieser als »Meiji-Restauration« bezeichnete Vorgang beendete die mehr als 200jährige Isolation Japans von der übrigen Welt und führte dann zu einer Öffnung gegenüber westlicher Zivilisation, Technik und Kultur im weitesten Sinne. In einer Phase übereifriger Anpassung an westliche Vorbilder orientierte man sich einige Jahre lang auch bei der Errichtung neuer Garten-Anlagen an westlichen Vorbildern. Architektonisch gegliederte Gärten mit Blumenbeeten und Rosengärten wurden zum »letzten Schrei« jener Jahre.

Von diesen Teichgarten-Anlagen ist heute kaum noch etwas erhalten – allzusehr widersprachen sie der traditionellen japanischen Gartenauffassung. Geblieben jedoch ist der Garten des Meiji-Schreins in Tōkyō – entstanden in den Jahren nach 1894 –, in dem sich Elemente des englischen Landschaftsgartens und eine japanische Teichgarten-Konstruktion zu einer gelungenen Synthese verbunden haben und der am schönsten im Juni wirkt. Dann nämlich ist ein gewundener Wasserlauf über und über mit verschiedenfarbigen Schwertlilien bedeckt.

◁ 23 Der Teichgarten im Heian-Schrein (Heian-jingu) ist berühmt für seine Kirschbäume, Kyōto. Ende 19. Jh.

Ganz anders eine Teichgarten-Anlage, die 1895 in Kyōto im Heian-Schrein angelegt wurde (Abb. 23). Dieser von Ogawa Jihei, dem damals führenden Gartenmeister, gestaltete Garten entstand im höfischen Stil der Heian-Zeit: ein großflächiger Teichgarten mit vielen Kirschbäumen, Pavillons und überdachten Korridoren.

In jüngster Zeit mündete die jahrhundertealte Tradition des japanischen Teichgartens teilweise in ganz avantgardistische Lösungen. Der von Aida Yusuke geschaffene Garten am Keio-Plaza Hotel in Tōkyō ist mit seiner Reduzierung auf Stein und Wasser schon fast eher als Wasserspiel denn als Garten zu bezeichnen. Allerdings gibt es hier keine natürlichen Felsen, sondern teils geometrisch geformte, teils in der Art von Naturfelsen bearbeitete Keramiksteine.

Anders wiederum der Teichgarten des Taizō-in im großen Tempelkomplex des Myōshin-ji in Kyōto. Dieser 1965 von Nakane Kinsaku gestaltete Garten folgt einem geradezu klassischen Stil und erinnert in seinen Steinsetzungen und beschnittenen Büschen (»Karikomi«) an Gärten des 16. oder 17. Jahrhunderts.

II   Wasserlose Gärten

1   Frühe Steinsetzungen in Shintō-Schreinen (5./6. Jahrhundert)

Steine sind der wichtigste Bestandteil des japanischen Gartens. Während Steine in der europäischen Gartentradition im wesentlichen nur als Rohmaterial für architektonische Elemente oder für künstlerisch gestaltete Plastiken eine Rolle spielen, haben sie im japanischen Garten einen Stellenwert, der mit Bildhauerei und Architektur überhaupt nichts zu tun hat. Von ihrer Funktion her kann man in ihnen ein Substitut für Gebirge sehen, als etwas, das anstelle von Bergen einen Teil der Landschaftskomposition des Gartens ausmacht.

Darüber hinaus sind Steine im japanischen Garten aber vor allem Bedeutungsträger religiöser Werte, Symbole religiöser Paradiesvorstellungen. Während im Buddhismus der Weltenberg Mount Sumeru (japanisch: Shumi-sen) und im Taoismus die paradiesische Insel P'eng-lai (japanisch: Hōrai) im Stein symbolhafte Gestalt annehmen, weisen shintōistische Steinsetzungen direkt auf göttliche Wesen.

Ein bemerkenswertes Beispiel für die Verehrung von Steinen im frühen Shintōismus sind die beiden mit einem Strohseil verbundenen Meeresfelsen bei Futamigaura in der Nähe von Ise. Die beiden Felsen symbolisieren Izanagi und Izanami, das sagenhafte Götterpaar, von denen die japanischen Inseln gezeugt wurden und von denen auch die Sonnengöttin Amaterasu abstammt, die als Begründerin des japanischen Kaiserhauses verehrt wird.

24 Archaische Steinsetzungen im Achi-Schrein (Achi-jinja), Kurashiki. 5./6. Jh.

Eine ähnliche Steingruppe findet sich auch auf dem Gelände des Schreines Achi-jinja in Kurashiki (Abb. 24). In diesem Schrein werden nicht wie in anderen, noch früheren Anlagen natürlich entstandene Felsgruppen als Göttersitz (japanisch: Iwakura, Iwasaka) verehrt, sondern es sind hier bereits von Menschenhand geschaffene Steinsetzungen zu erkennen, die neben den archaischen, shintōistisch geprägten Göttersitzen auch schon das Gedankengut der taoistischen Hōrai-Tradition ausdrücken. Dies manifestiert sich vor allem in den Steingruppen in Kranich- und Schildkrötenform (vgl. Abb. 71, 72), die zum festen ikonographischen Bestand der gesamten japanischen Gartengeschichte zu zählen sind.

Bemerkenswert ist bei dieser Anlage vor allem die Tatsache, daß hier bereits im 5. oder 6. Jahrhundert aus der ur-shintōistischen Tradition heraus, die sich synkretistisch mit taoistischem Gedankengut verbunden hatte, eine Art Trockenlandschaft-Garten (»Karesansui«) entstand. Man muß dabei allerdings im Auge behalten, daß diese Anlage entwicklungsgeschichtlich nicht als Vorform des erst tausend Jahre später sich entwickelnden Trockenlandschaft-Gartens der Muromachi-Zeit zu werten ist. Trotzdem ist nicht zu leugnen, daß die Steingruppen des Achi-jinja, die bis hin zu ikonographischen Entsprechungen dem Trockengarten-Typus ähnlich sind, eine überraschende Antizipation dieser viel späteren Entwicklung des japanischen Gartens darstellen.

2 Binnengärten (9.-20. Jahrhundert)

Unter Binnengärten (»Tsuboniwa«) versteht man Gärten von kleiner Flächenausdehnung, die zwischen verschiedenen Gebäudeteilen angelegt werden. Diese Binnengärten reichen bis in die frühe shintöistische Schrein-Architektur zurück und tauchen vor allem auch im Konzept des Shinden-zukuri auf, dem Palast-Stil der Heian-Zeit.

◁ 25 Binnengarten in der Höjö-Anlage des Daitoku-ji, Kyōto. 17. Jh.

26 Felsen, Moos und Bambus im Binnengarten des Daitoku-ji, Kyōto. 17. Jh.

27 Einer der kleinsten Binnengärten gehört zum Sangen-in, einem Subtempel des Daitoku-ji, Kyōto. 20. Jh.

28 Lediglich aus Sand und Steinen besteht der Binnengarten des Ryōgen-in, Daitoku-ji, Kyōto. 20. Jh.

Durch hintereinandergestaffelte Gebäude und Verbindungskorridore entstehen rechteckige, wasserlose Flächen, die mit Bäumen und Sträuchern, Moos und Gras bepflanzt werden. Mitunter können sie auch Steinsetzungen aufweisen. So entsteht eine sekundäre Gartenform innerhalb des Shinden-zukuri-Konzeptes mit seinem typischen großflächigen Teich im Süden der Gesamtanlage.

In der Heian-Zeit erhielten Hofdamen, die innerhalb der komplexen Palast-Anlage ihre Wohnung an einem solchen Binnengarten hatten, oftmals den Namen, mit dem jener Garten bezeichnet wurde. Im »Genji monogatari«, der Geschichte vom Prinzen Genji, sind die Namen Kiritsubo und Fujitsubo klassische Beispiele dafür.

Binnengärten aus der Heian-Zeit sind heute nicht mehr erhalten. Am ehesten vermittelt die im Stil jener Epoche rekonstruierte

29 Der Binnengarten des Tōkai-an orientiert sich stilistisch am Ryōan-ji, Myōshin-ji,
Kyōto. 18. Jh.

Anlage des Tempels Daikaku-ji in Kyōto eine Vorstellung davon,
wie sich Binnengärten in das Gefüge einer großen Palast-Anlage
einordneten.

Vom 16. Jahrhundert an wurden Binnengärten auch in das architektonische Konzept der Subtempel innerhalb der großen Tempelkomplexe des Zen-Buddhismus integriert. Im Daitoku-ji in Kyōto
(Abb. 25, 26) finden sich solche Anlagen in den Subtempeln Sangen-
in (Abb. 27) und Ryōgen-in (Abb. 28). Berühmt ist auch der
Binnengarten des Tōkai-an (Abb. 29), dessen Steinsetzungen an den
berühmten Steingarten des Ryōan-ji erinnern (vgl. Abb. 6, 38-40).

Auch in der profanen Architektur gibt es Binnengärten; bei
Privathäusern sind sie ebenso zu finden wie in japanischen Gasthäusern (»Ryōkan«).

3 Anfänge des Trockenlandschaft-Stils (12.-15. Jahrhundert)

Steine spielen im japanischen Garten insgesamt eine dominierende Rolle. Dies trifft für alle Phasen seiner Entwicklungsgeschichte zu. Der Weg zum eigentlichen Steingarten, also einer in sich geschlossenen Anlage ohne Wasser in Form eines fließenden Baches und eines Teiches, war indes ein sich über Jahrhunderte erstreckender evolutionärer Prozeß. Man kann sagen, daß sich der Trockenlandschaft-Garten (»Karesansui«) in diesem Prozeß durch zunehmende Verselbständigung »trockener« Gartenelemente aus dem Teichgarten heraus entwickelt hat.

Der Begriff »Karesansui« taucht in der Literatur zum erstenmal im »Sakutei-ki« auf. Diese »Aufzeichnung über die Errichtung von Gärten« entstand gegen Ende der Heian-Zeit (Ende 12. Jh.) und faßt die Ausdrucksmöglichkeiten und Techniken des damals vorherrschenden großflächigen Teichgartens im Stil des Shinden-zukuri zusammen. Auch als dieser Stil längst durch andere abgelöst war, blieb das »Sakutei-ki« noch für Jahrhunderte das klassische Anleitungsbuch der japanischen Gartenkunst.

Ziemlich am Anfang dieser Schrift heißt es über die Trockenlandschaft: »Es kommt vor, daß man Steine an einer Stelle setzt, wo es weder einen Teich noch einen Wasserlauf gibt, dies nennt man ›Karesansui‹ «. Im Anschluß an diese Definition werden detailliert die Möglichkeiten aufgezählt, wo man an den verschiedensten Stellen einer großflächigen Teichgarten-Anlage solche Karesansui-Zonen anlegen kann. Festzuhalten bleibt, daß diese im »Sakutei-ki« erwähnte Trockenlandschaft noch keine eigenständige Gartenform, sondern lediglich trockene Segmente innerhalb der tradierten Form

30   Trockenlandschaft-Elemente im oberen Teil des Saihō-ji-Gartens, Kyōto. 14. Jh.

des Teichgartens bezeichnet. Erst später wurde daraus der Gattungsbegriff für eine eigenständige Ausdrucksform des japanischen Gartens.

Typisch für den frühen Stil der Trockenlandschaft ist der Garten des Saihō-ji in Kyōto (Abb. 30). Steinsetzungen gibt es in diesem Tempelgarten nicht nur im oberen Teil der Hügelzone, sondern auch unten an der Peripherie des Teiches. Trotz dieser zahlreichen Steinfigurationen bleibt aber insgesamt doch der Teich das beherrschende gestalterische Element dieser Anlage. In dieses Grundkonzept fügen sich die Steingruppen als integraler Bestandteil ein (Abb. 31).

Der Saihō-ji wurde 1339 in einen Zen-Tempel umgewandelt und dem führenden Zen-Meister jener Tage, Musō Kokushi, übergeben. Dieser »Landesmeister« (»Kokushi«) ist jedoch nicht nur als hervorragender Vertreter des Zen in die japanische Geschichte eingegan-

31   Steingruppen sind im Saihō-ji integraler Bestandteil der Teichgarten-Anlage, ▷
Kyōto. 14. Jh.

gen, sondern zählt auch zu den großen Schöpfergestalten der japanischen Gartenkunst. Überall in Japan werden ihm Gärten zugeschrieben, von denen er eigenhändig nur einige wenige tatsächlich geschaffen haben dürfte. Unbestreitbar ist jedoch, daß er im Saihō-ji wirkte und Einfluß auf die Neugestaltung der Tempel-Anlage und somit auch des Gartens genommen hat.

Die Steinsetzungen im oberen Teil des Gartens werden von Shigemori Mirei, einem führenden japanischen Gartenforscher und -architekten unserer Tage, als trockener Wasserfall sowie Kranich- und Schildkröteninsel gedeutet. Andere Experten haben eine sehr viel prosaischere Erklärung: Für sie sind die Steinsetzungen lediglich Überreste einer Steintreppe, die zu einem auf dem Berge gelegenen kleinen Pavillon führte. Wie auch immer diese Steingruppen ikonographisch eingeordnet werden, auf jeden Fall hat man in ihnen einen wichtigen Schritt hin zur Herausbildung des Trockenlandschaft-Gartens zu sehen – allerdings ist es noch nicht der entscheidende Durchbruch.

Der nächste wichtige Schritt zur zunehmenden Verselbständigung von Karesansui-Elementen hin wurde im bereits genannten Garten des Tempels Jōei-ji in Yamaguchi gemacht (vgl. Abb. 14), denn hier sind die trockenen Segmente des Gartens nicht mehr in das alles dominierende Prinzip des Teichgartens eingegliedert. Vielmehr stehen sie als gleichberechtigtes Gestaltungsprinzip daneben.

Erstmals sind in diesem Garten Steinsetzungen in eine breite Fläche vor dem Hauptgebäude transponiert worden. Heute ist diese flache Zone mit Gras bewachsen. Zusätzlich zu den Steingruppen gibt es auch zahlreiche beschnittene Büsche (»Karikomi«). Beides, das Gras ebenso wie die Büsche, sind wahrscheinlich Zutaten späterer Epochen. In der ursprünglichen Gestalt des Gartens standen die Steingruppierungen wohl inmitten von geharktem Sand, der somit als Substitut für Wasser diente.

Die Dominanz des Teichgartens war also im Jōei-ji bereits drastisch zurückgedrängt worden. Der nächste logische Schritt mußte nun die völlige Lostrennung einer mit Steinen besetzten ebenen Fläche vom dahinterliegenden Teichgarten sein. Durch den Bau einer ziegelgedeckten Mauer geschah ebendies im berühmten Steingarten des Tempels Ryōan-ji in Kyōto (vgl. Abb. 6, 38-40).

4 Trockenlandschaft-Gärten in Zen-Tempeln (15.-18. Jahrhundert)

Der Zen-Buddhismus wurde in Japan seit Anfang des 13. Jahrhunderts rezipiert. Dies geschah im Rahmen eines erneuten massiven Einströmens chinesischen Gedankengutes. Für den Bereich der Tempelarchitektur bedeutete dies die Rückkehr zu den schweren chinesischen Formen und eine Abkehr von dem in der Heian-Zeit entwickelten nationalen Baustil des Shinden-zukuri, dem auch auf die Tempelarchitektur übertragenen Palast-Stil.

In den folgenden Jahrhunderten entstanden – vor allem in Kyōto und in Kamakura – große Tempelkomplexe, die jeweils zwei stilistisch sehr verschiedene Komponenten aufweisen. Das ist zum einen der Kernbezirk des Haupttempels, die sogenannte »Sieben-Hallen-Anlage« (»Shichidō garan«). Zum anderen sind es die zahlreichen Subtempel, die sich um den Kernbezirk gruppieren und »Tatchū« genannt werden.

Der Kernbezirk folgt strikt dem architektonischen Vorbild der Zen-Architektur im China der Sung-Zeit und bleibt dieser Form im wesentlichen bis heute treu. Das private Wohngebäude des Hauptpriesters (Hōjō) im Norden des axialen, symmetrisch gegliederten Kernbezirks entspricht hingegen – ebenso wie die Subtempel – eher dem kaum chinesisch beeinflußten Stil des japanischen Wohnhauses.

Der Ursprung der Subtempel liegt einerseits in einer aus China übernommenen Tradition, in der aus ursprünglichen Grabanlagen

für hochgestellte Priester allmählich halb-selbständige Tempel wurden. Andererseits ist hier auch die japanische Tradition sogenannter »Shi-in« (»Kind-Tempel«) aufgenommen worden, die seit der Heian-Zeit bei den Schulen des esoterischen Buddhismus zu beobachten waren.

Die Subtempel entwickelten sich allmählich zu wirtschaftlich unabhängigen kleinen Tempeln, blieben aber in theologischer und hierarchischer Hinsicht unter dem Dach des Haupttempels. Jeder von diesen kleinen Tempeln war von einer ziegelgedeckten Mauer umgeben. Dies trifft auch für das Wohngebäude des Hauptpriesters zu. Das Innere einer solchen Subtempel-Anlage bestand aus dem Hauptgebäude (»Hōjō«, »Hondō«, »Kyakuden«) und einigen Nebengebäuden, die teils als Wohn- und Arbeitsraum des Hauptpriesters, teils als Schlafräume für die Mönche und als Wirtschaftsgebäude dienten. Die freibleibenden Flächen zwischen den verschiedenen Gebäuden wurden im Stil des Trockenlandschaft-Gartens (»Karesansui«) gestaltet, wobei der Hauptgarten in der Regel an der Frontseite des Hauptgebäudes lag.

Diese Gartenflächen inmitten der Tempel-Anlage bilden einen Teil der alltäglichen Umwelt der Zen-Mönche. Sie sind aber auch und vor allem ein Teil seiner Arbeitswelt, denn körperliche Arbeit ist ein wesentliches Element im Leben eines Zen-Mönches, und die Trockenlandschaft-Gärten bedürfen intensiver Pflege. Sie müssen ständig saubergehalten werden, Bäume und Büsche sind zu beschneiden, der Sand wird in bestimmten Mustern geharkt.

Darüber hinaus kann der Garten auch seine Bedeutung für die Meditation haben. Viele dieser Karesansui-Gärten sind zumindest unter Mitwirkung von Zen-Mönchen geschaffen worden und somit auch Ausdruck ihrer Zen-Erkenntnis. Es kommt vor, daß Mönche, dem Garten zugewandt, die Meditationsübung des Zen – das Zazen – betreiben. Der Garten kann so unter Umständen, ähnlich wie es von bestimmten Tuschbildern bekannt ist, als stimulierendes Hilfsmittel der Zen-Erkenntnis dienen.

33   Zentrale Steinsetzung im Daisen-in-Garten, rechts hinten der »trockene Wasserfall«   ▷

34 Historische Darstellung des Daisen-in-Gartens im »Tsukiyama Teizōden«

Der Subtempel Daisen-in (Abb. 32-34) gehört zum Daitoku-ji, dem noch heute bedeutendsten und umfangreichsten Tempelkomplex des Zen-Buddhismus in Japan. Dieser Tempelbezirk liegt im Norden von Kyōto und birgt zahlreiche Karesansui-Gärten, von denen drei aus der Muromachi-Zeit stammen, neben dem Daisen-in der Shinjū-an und der Ryōgen-in (vgl. Abb. 43).

Der Daitoku-ji war 1326 unter dem Zen-Meister Daitō Kokushi gegründet worden. Der Subtempel Daisen-in entstand 1509 unter dem Zen-Mönch Kogaku Shūkō. Die Haupthalle (Hondō) der Anlage wurde erst im Jahre 1513 vollendet. In dieser Zeit müssen auch die Garten-Segmente des Daisen-in gestaltet worden sein, die sich zusammen mit den architektonischen Elementen und der künstlerischen Innenaustattung zu einem homogenen Gesamtkunstwerk ergänzen. Der Daisen-in ist als Nationalschatz (»Kokuhō«) klassifiziert.

Das Hauptgebäude mit seiner regelmäßigen Aufteilung in sechs nahezu gleich große Räume gilt als Paradebeispiel der Hōjō-Architektur. Von großer kunstgeschichtlicher Bedeutung sind die zahlreichen bemalten Schiebetüren (»Fusuma-e«) dieses Gebäudes. Sie stammen von Kanō Motonobu, Kanō Yukinobu und Sōami, die zu den bekanntesten Künstlern des frühen 16. Jahrhunderts zählen. Heute sind im Daisen-in nur noch Kopien von diesen Bildern zu sehen, die Originale befinden sich in den Nationalmuseen von Kyōto und Tōkyō.

Das Hauptgebäude des Daisen-in, die Gasthalle (»Kyakuden«), ist auf allen vier Seiten von Gärten umgeben, die aus der Gründungszeit des Tempels stammen. Am berühmtesten ist der L-förmige Nordostgarten. Im Süden gibt es einen rechteckigen Garten, der lediglich aus einer ebenen Sandfläche besteht. An zwei Stellen ist der Sand zu kegelförmigen Haufen zusammengeharkt (Abb. 35). Der Nordostgarten ist so konzipiert, daß man ihn am besten von den beiden östlichen Räumen des Hauptgebäudes aus betrachten kann. Es ist ein außerordentlich kleiner Garten von nur 104 m² Fläche, der zudem noch von einer ziegelgedeckten Mauer mit einem fensterartigen Durchblick zweigeteilt wird.

35   Sandkegel im Südgarten des Daisen-in, Daitoku-ji, Kyōto. 16. Jh.

Der Garten vermittelt durch die Vielzahl seiner Steine einen außerordentlich kompakten Eindruck. Neben großen und kleinen Steinen gibt es runde Flußsteine, Sand, beschnittene Bäume und Büsche sowie Farngewächse und Moos. Das Steinmaterial deutet darauf hin, daß der Garten in verschiedenen Etappen entstanden ist. Die älteste Schicht des Gartens hat man aufgrund des Materialvergleiches und der stilistischen Einordnung in den beiden atavistischen Steingruppen der Schildkröten- und der Kranichinsel zu sehen. Möglicherweise hat es im ursprünglichen Gartenentwurf nur diese beiden Steinfigurationen gegeben.

Die zahlreichen bläulichen Steine des Gartens, vor allem die großen vertikalen Felsen in der äußersten nordöstlichen Ecke, wären dann als spätere Hinzufügung anzusehen. Gerade in diesen Steinen ist aber die große Popularität des Daisen-in-Gartens begründet, denn sie lassen auf wenigen Quadratmetern das Bild einer grandiosen Landschaftskulisse entstehen. Diese Landschaftsabfolge – vom trockenen Wasserfall (vgl. Abb. 74) über einen durch Sand

36 Stein in Form eines Schatzschiffes (»Takarabune«), Daisen-in, Daitoku-ji, Kyōto. 16. Jh.

angedeuteten Wasserlauf samt einer Stromschnelle bis hin zur Mündung ins offene Meer – verbindet sich ohne jeden Bruch mit den ikonographischen Elementen der Hōrai-Tradition, die in der Schildkröten- und Kranichinsel (vgl. Abb. 71, 72) ebenso zum Ausdruck kommt wie in jenem Stein, der die Form eines auslaufenden Schatzschiffes (»Takarabune«; Abb. 36) hat.

Zwischen diesem Schatzschiff-Stein und der Nordostecke des Gartens wurde vor einigen Jahren eine ziegelgedeckte Mauer im chinesischen Stil rekonstruiert, bei der die Gelehrten darüber streiten, ob sie wirklich dem originalen Gartenentwurf entspricht oder eine Ergänzung der späten Edo-Zeit darstellt. Vor etwa 20 Jahren gab es dieses Mauerstück nicht, und ältere Fotos der 50er und frühen 60er Jahre lassen erkennen, daß der Garten ohne Mauer viel großzügiger und geschlossener erscheint.

Über den Schöpfer dieses Gartens ist viel diskutiert worden. Der Maler Sōami wird ebenso genannt wie der Tempelgründer Kogaku Shūkō, dessen Engagement in der Gartenkunst dokumentiert ist. Es ist auch die Rede davon, daß »Kawaramono« an der Gestaltung des Gartens beteiligt waren. Diese »Kawaramono« (»Leute vom Flußufer«) waren Gartenspezialisten, die sich in der Muromachi-Zeit aus der Position bloßer Handlanger und Gartenarbeiter zu eigenständigen Gartenschöpfern emporgearbeitet hatten.

Welche Theorie nun wirklich zutrifft, läßt sich kaum entscheiden, da es keine logischen Argumente gibt, die auch nur eine der genannten Thesen widerlegen könnten. Es ist durchaus möglich, daß alle Theorien ein wenig stimmen. So könnte der Garten vom Tempelgründer Kogaku Shūkō gemeinsam mit »Kawaramono« angelegt worden sein, wobei Sōami beraten haben könnte.

Neben dem Gartenteil im Nordosten weist der Daisen-in im Norden noch einen weiteren kleinen Garten auf, den man wegen seines kleinen Formates und seiner Begrenzung durch Architekturteile als Binnengarten bezeichnen kann (Abb. 37). Der Südgarten ist ein bloßes Sandmeer ohne jegliche Steinsetzung (vgl. Abb. 34). Solche Gärten, die nur aus geharktem Sand bestehen und auch in anderen Zen-Tempeln auftauchen, sind vielleicht die konsequenteste Form einer Ästhetik der Reduktion und Abstraktion, wie sie charakteristisch für den Stil des Karesansui-Gartens ist.

38 Drei von den fünf Steingruppen im Ryōan-ji, Kyōto. 15./16. Jh.

◁ 37 Binnengarten im Daisen-in, Daitoku-ji, Kyōto. 20. Jh.

39 Abstraktion in Stein und Sand: Ryōan-ji, Kyōto. 15./16. Jh.

40 Steingruppen im Garten des Ryōan-ji, Kyōto. 15./16. Jh.

41 Abbildung des Ryōan-ji-Gartens im »Miyako Rinsen Meisho Zue« von 1799

Der Steingarten des Tempels Ryōan-ji (Abb. 38–41) ist der berühmteste Trockenlandschaft-Garten in Japan. Das Gelände war von altersher im Besitz eines Zweiges der Fujiwara-Familie, der führenden politischen Kraft in der Heian-Zeit. In jenen Tagen wurde dort ein Teichgarten angelegt (vgl. Abb. 6), der noch heute – jenseits der Mauer des berühmten Steingartens – im unteren Teil der Gesamtanlage des Ryōan-ji existiert.

Im Jahre 1450 übernahm Hosokawa Katsumoto das Gelände. Die Hosokawa-Familie gehörte zu den maßgeblichen Samurai-Familien im Lande und war eine der wichtigsten Stützen des Ashikaga-Shōgunats – Leute also, die im bürgerkriegsgeschüttelten Kyōto des 15. Jahrhunderts etwas zu sagen hatten. Katsumoto errichtete im unteren Teil der Anlage am altehrwürdigen Teich seine private Residenz und gründete im selben Jahr im oberen Teil des Geländes einen Zen-Tempel. Als Tempelgründer wurde der berühmte Priester Giten Genshō berufen, als Name für den neuen Tempel wählte Katsumoto »Ryōan-ji«.

Was an Gebäuden in dieser Anfangsphase des neuen Tempels errichtet wurde und ob bereits ein Garten angelegt wurde, läßt sich nicht mehr klären. Fest steht, daß die gesamte Anlage des Ryōan-ji und auch das private Wohnhaus von Hosokawa Katsumoto während der Ōnin-Wirren, einer zehnjährigen bürgerkriegsähnlichen Phase zwischen 1467 und 1477, zerstört wurde. Gegen Ende des 15. Jahrhunderts wurde der Tempel von Hosokawa Masamoto, dem Sohn des Katsumoto, rekonstruiert. Wahrscheinlich fällt auch die Entstehung des Steingartens vor dem heutigen Hōjō-Gebäude in diese Rekonstruktionsphase.

Bis heute ist es völlig ungeklärt, wer den Garten des Ryōan-ji geschaffen hat und zu welchem Zeitpunkt er exakt entstanden ist. So ist es nicht verwunderlich, daß es eine Fülle von unterschiedlichen, konkurrierenden Thesen darüber gibt. Da werden neben Hosokawa Katsumoto auch sein Sohn Masamoto, der Tempelgründer Giten Genshō, zahlreiche andere Zen-Mönche, die Maler Sesshū und Sōami, verschiedene Teemeister sowie einige »Kawaramono« als potentielle Gartenschöpfer genannt. Relativ glaubwürdig erscheint die These, daß »Kawaramono« an der Entstehung des Gartens beteiligt waren, denn an einem der 15 Steine des Gartens fanden sich eingemeißelte Signaturen mit den Namen von zwei aus zeitgenössischen Dokumenten bekannten »Kawaramono«. Möglich bleibt allerdings, daß sie den Garten gemeinsam mit einem der genannten Zen-Mönche geschaffen haben.

Der Steingarten des Ryōan-ji hat mit einer Fläche von 338 m^2 etwa die Größe eines Tennisplatzes. Er liegt im Süden des Hauptgebäudes (»Hōjō«) der Tempel-Anlage. Vom Innern dieses Gebäudes aus kann man ihn in optimaler Weise betrachten. Im Süden und Westen ist er von einer mit Ziegeln bedeckten Lehmmauer umgeben, die östliche Begrenzung wird durch die Außenseite der Eingangshalle (»Genkan«) und – etwas versetzt – ein weiteres Stück Mauer gebildet.

Der Garten besteht lediglich aus geharktem Sand, 15 größeren und kleineren Steinen und ein wenig Moos. Die Steine sind von links nach rechts in fünf Gruppen nach dem Schema 5-2-3-2-3 geordnet. Die meisten Gartenforscher sind sich jedoch einig, daß die 15 Steine nach dem 7-5-3-Prinzip gestaltet wurden, das heißt, man muß die beiden Steingruppen links und die beiden daran anschließenden Gruppen jeweils als eine Einheit sehen.

In den einzelnen Steingruppen kann man durchaus Elemente der tradierten Ikonographie des japanischen Gartens erkennen. Shigemori Mirei beispielsweise sieht in der Fünfer-Steingruppe ganz links die Kranichinsel-Figuration. Andere Forscher weisen darauf hin, daß die beiden Steingruppen ganz rechts jeweils einen Stein aufweisen, der einem Schildkrötenpanzer ähnlich ist. Somit wäre auch ein Anklang an die Tradition der Schildkröteninsel vorhanden.

Interessant in der ikonographischen Analyse sind auch die beiden hier zu erkennenden Variationen der klassischen Dreier-Steingruppe. Wird normalerweise ein großer Stein von zwei kleineren flankiert, so ist der Schöpfer des Ryōan-ji-Gartens zu ganz anderen Lösungen gekommen. Einmal wurden die beiden kleineren Steine auf der rechten Seite des Hauptsteines der Gruppe plaziert, im anderen Fall sind die beiden Seitensteine so tief in die Erde eingegraben, daß sie gerade noch sichtbar sind. Im Normalfall hingegen

erreichen die Seitensteine mindestens die halbe Höhe des mittleren Hauptsteines.

All diese ikonographischen Klassifizierungen sind jedoch letzten Endes von untergeordneter Wichtigkeit – ebenso wie alle historischen Erklärungsversuche, die den Garten als Darstellung eines Wolkenmeeres mit herausragenden Gipfeln, als Meereslandschaft oder als eine Gruppe von Tigern, die gerade schwimmend einen Bergbach durchqueren, zu deuten versuchen. Wichtig ist es vor allem, diesen Garten als Lösung eines Raumproblems zu sehen. Nicht etwa eine perspektivische Illusion steht dabei im Vordergrund, vielmehr geht es um die Verteilung der Gewichte im Garten, um das Verhältnis von leerem Raum in Form des weißen Sandes zur Materie in Form der Steine. Dieses Verhältnis ist durch ein harmonisches Konzept geprägt, das im chinesisch inspirierten Yin-Yang-Denken begründet liegt und in abendländischen Denktraditionen schlechterdings nicht faßbar ist.

Hier wird eine total andere Auffassung von Raum als in Europa deutlich, zugleich zeigt sich der enge Konnex zwischen Malerei und Gartenkunst. Denn der Unterschied zwischen der Zweidimensionalität des Bildes und der Dreidimensionalität in der Gartenkunst ist in bezug auf die Raumerfahrung nur von untergeordneter Bedeutung. Wichtig ist, daß es bei dieser Raumerfahrung nicht primär um Tiefenwirkung geht, sondern um die harmonische Verteilung der Gewichte im leeren Raum.

Man kann daher zu Recht, wie es der Heidelberger Professor Dietrich Seckel getan hat, eine Beziehung zwischen dem Ryōan-ji-Garten und dem berühmten Bild der sechs Kaki-Früchte des chinesischen Zen-Malers Mu Ch'i aufzeigen. Gemeinsam ist diesen beiden Kunstwerken eine spontane, regelfreie, nicht quantifizierbare Harmonie.

In seinem Geist ist der Steingarten des Ryōan-ji ganz anders als der Nordostgarten des Daisen-in. Während im Daisen-in die Beziehung zur Landschaftsmalerei evident ist und die Gesamtwirkung der Anlage stark an chinesische Tuschlandschaften der Nord-Sung-Zeit erinnert, erreicht der Ryōan-ji-Garten ein viel höheres Niveau an Abstraktion und Reduktion. Weitere Reduktion ist eigentlich nur denkbar durch den völligen Verzicht auf jegliche Steinsetzung, so

43 Mit Moos bedeckter Trockenlandschaft-Garten des Ryōgen-in, Daitoku-ji, Kyōto. 16. Jh.

wie es beispielsweise im Südgarten des Daisen-in in Kyōto geschehen ist.

Im Gegensatz zum malerisch geprägten Nordostgarten des Daisen-in kann man im Steingarten des Ryōan-ji keineswegs eine Landschaftsabbreviatur sehen, vielmehr wurde hier ein abstrakter Ausdruck kosmologischer Allgemeingültigkeit geschaffen.

Der Garten des Ryōan-ji ist ein typisches Zen-Kunstwerk. In ihm spiegelt sich deutlich eine Ästhetik der Verneinung, ein absolutes Zielen auf innerliche Wahrheit. Die wesentlichen Fixpunkte einer Ästhetik des Zen lassen sich hier exemplarisch aufzeigen: Die Verteilung der Steine im leeren Raum verwirklicht das Konzept einer *asymmetrischen Harmonie.* Die radikale Beschränkung auf der Materialebene bezeugt eine konsequente *Reduktion.* Die Patina der Steine, die Fleckigkeit der immer wieder ausgebesserten Mauer drückt eine *Erhabenheit des Alters* aus. In der Leichtigkeit und Selbstverständlichkeit, mit der die Steine – wie hingeworfen – im Garten plaziert wurden, äußert sich *Natürlichkeit,* das Ergebnis genauer Planung und eines dezidierten Kunstwillens ist.

45 Im Shōden-ji werden Steinsetzungen durch beschnittene Sträucher ersetzt, Kyōto. 17. Jh.

Abkehr von äußerlicher Schönheit liegt im Verzicht auf jegliche Pracht, wie sie zum Beispiel in der Wirkung von Blüten oder in exquisitem Steinmaterial liegen könnte. Die überaus große Bescheidenheit bei der Gestaltung dieses Gartens, der so gar nichts von einem Statussymbol an sich hat, drückt eine bewußte *Weltabgewandtheit* aus. Der meditative Grundcharakter des Ryōan-ji, dem sich kein Betrachter entziehen kann, markiert *Stille* als ein weiteres wesentliches Element. *Spontaneität* wäre darin zu sehen, daß der Garten wahrscheinlich als Realisierung der inneren Vision des Gartenkünstlers in relativ kurzer Zeit geschaffen wurde.

Ein *Verzicht auf Symbolik* wird dadurch offenkundig, daß man in den Elementen des Gartens keineswegs Symbole für Dinge anderer Seinsqualität sehen kann. Ein Stein ist hier ein Stein und drückt als solcher die gesamte kosmische Wahrheit aus. *Abstraktion* schließlich bedeutet in diesem Steingarten sowohl die nicht-gegenständliche Darstellungsform als auch eine Bezogenheit auf abstrakte, metaphysische Werte.

Der Steingarten des Ryōan-ji ist nicht wie der Daisen-in-Garten als integraler Bestandteil eines kleinen Subtempels innerhalb eines großen Tempelkomplexes geplant worden. In diesem Punkt unterscheidet er sich von den meisten anderen Trockenlandschaft-Gärten der Muromachi-Zeit. Vielmehr entstand er aus der Konzeption einer privaten Residenz, die auf der Grundlage eines Teichgartens der Heian-Zeit errichtet und erst später in einen Zen-Tempel transformiert wurde. Allerdings wurde in dem Moment, als der Steingarten vor dem Hōjō-Gebäude angelegt wurde, ein radikaler Schritt vollzogen. Denn die Errichtung einer Mauer, die jede Aussicht auf den dahinterliegenden Teichgarten versperrte, markiert in der Entwicklungsgeschichte des Karesansui-Gartens jenen Punkt, an dem sich dieser Stil der trockenen Landschaft endgültig emanzipiert hatte und zu einer Gartenform sui generis geworden war.

Der Trockenlandschaft-Stil erreichte in der Muromachi-Zeit, vor allem im 16. Jahrhundert, seinen Höhepunkt. Neben den herausragenden Karesansui-Gärten im Ryōan-ji und im Daisen-in entstanden auch in zahlreichen anderen Tempeln überaus bemerkenswerte Garten-Anlagen. Zu diesen zählt der Shinju-an (Abb. 42), ein weiterer Subtempel des Daitoku-ji. Er liegt in unmittelbarer Nachbarschaft des Daisen-in. Der Garten des Shinju-an wurde wahrscheinlich von dem Dichter Sōchō angelegt, der unter dem berühmten Zen-Meister Ikkyū den Zen-Buddhismus studiert hatte. Bemerkenswert am Shinju-an-Garten ist vor allem die Steinsetzung im Eingangsteil des Tempels sowie ein kleiner Garten von nur 50 m² an der östlichen Seite des Hauptgebäudes. Beide Elemente – der Ostgarten ebenso wie die Schrittsteine – sind nach dem 7-5-3-Schema gestaltet.

Eindrucksvolle Steinsetzungen weist der Garten des Ryōgen-in auf. Dieser Subtempel des Daitoku-ji enthält den dritten aus der Muromachi-Zeit stammenden Garten innerhalb dieses Tempelkomplexes. Er stammt ebenfalls aus den ersten Jahrzehnten des 16. Jahrhunderts. Möglicherweise ist der Tempelgründer Tōkei Shūmoku auch gleichzeitig der Schöpfer des Tempelgartens gewesen. Von besonderer Bedeutung ist hier ein im Norden der Tempel-Anlage gelegener rechteckiger Garten (Abb. 43). Er ist im Gegensatz zum Ryōan-ji nicht mit geharktem Sand bedeckt, sondern vollständig mit Moos bewachsen.

Die Steinsetzungen werden von der zentralen Steingruppe beherrscht, deren phallisch aufragender Hauptstein von den meisten japanischen Gartenforschern als der buddhistische Weltenberg Mount Sumeru (»Shumi-sen«) gedeutet wird. Manche sehen hier allerdings eher eine klassische Dreier-Steingruppe oder gar einen trockenen Wasserfall, das heißt eine Wasserfall-Steinsetzung, die von Anfang an ohne Wasser konzipiert wurde.

Der Karesansui-Stil ist indes nicht auf die Muromachi-Zeit beschränkt. Auch in der nachfolgenden Edo-Zeit (1603-1868) entstanden noch eindrucksvolle Trockenlandschaft-Gärten. In dieser Epoche wird auch die bis zur Kargheit gesteigerte Reduzierung der Ausdrucksmittel des Gartens allmählich wieder aufgegeben. Geradezu opulent wirkt beispielsweise der Garten des Manju-in (Abb. 44), der in der frühen Edo-Zeit in Kyōto entstand. Hier gibt es ein Wasserschöpfbecken ebenso wie eine kleine Steinpagode und Steinlaternen. Aus der ebenen weißen Sandfläche ragen Moosinseln heraus, auf denen Steine und Kiefern stehen. Nach hinten wird dieser Garten durch eine dichte Baumkulisse abgegrenzt.

Der Garten des Tempels Shōden-ji (Abb. 45) im Norden Kyōtos ist eine Trockenlandschaft besonderer Prägung. Denn hier gibt es keine Steingruppen, sondern statt dessen halbkugelförmig geschnittene Büsche (»Karikomi«). Diese sind wiederum im 7-5-3-Rhythmus gesetzt.

Der Shōden-ji-Garten ist ähnlich wie der Ryōan-ji durch eine ziegelgedeckte Mauer begrenzt. Anders als beim Ryōan-ji, wo jenseits der Mauer hohe Bäume den Blick auf die Hintergrundlandschaft weitgehend versperren, ist im Fall des Shōden-ji-Gartens der fernliegende Hiei-Berg mit in die Komposition des Gartens einbezogen. Die Technik der »geborgten Landschaft« (»Shakkei«) kann sich also durchaus auch im Rahmen eines Trockenlandschaft-Gartens anwenden lassen.

5   Teegärten (16.–20. Jahrhundert)

Die frühen Karesansui-Gärten des 16. Jahrhunderts sind als integraler Bestandteil der kleinen, in sich geschlossenen Welt eines Subtempels innerhalb größerer Tempelkomplexe des Zen-Buddhismus beschrieben worden. Diese Subtempel kann man in der Summierung ihrer gestalterischen Aspekte als Gesamtkunstwerke im Rahmen der Zen-Kunst bezeichnen.

Rund hundert Jahre nach dem Auftauchen der ersten eigenständigen Karesansui-Gärten entstand gegen Ende des 16. Jahrhunderts ein weiteres Gesamtkunstwerk des Zen. Nunmehr war es die Teekunst (»Cha-no-yu«), in der sich eine Reihe von künstlerischen Aktivitäten zu einer Einheit verband. Diese Teekunst – oft auch als Teekult, Teezeremonie oder Teeweg bezeichnet – geht zwar auf chinesische Vorbilder zurück, fand aber ihre definitive Ausprägung im Geist des Zen-Buddhismus erst im 16. Jahrhundert in Japan.

Das Gesamtkunstwerk des Teeweges (»Chadō«) umfaßt Architektur ebenso wie Gartenkunst, die Blumenkunst (»Ikebana«), kunsthandwerkliche Formen wie Keramik-, Metall- und Lackkunst sowie Malerei und Kalligraphie. All diese künstlerischen Bereiche haben eine dienende Funktion für den eigentlichen Kern der Teekunst. Sie bilden ein Environment für das nach bestimmten Regeln vollzogene Zubereiten und gemeinsame Trinken des Tees.

In der Teehütte entsteht eine »kulturelle und gesellschaftliche Sondersphäre, die allein durch die Gesetze des von zen-buddhistischer Grundhaltung bestimmten Geschmacks im Formalen und Sinngehalts im Geistigen und von einer hohen Humanität geprägt war« (Dietrich Seckel). Inmitten der streng hierarchisch gegliederten japanischen Gesellschaft bedeutete dies ein zeitlich begrenztes Aufheben der Standesschranken.

Der Teegarten (»Chaniwa«) spielt im Rahmen dieser Teekunst eine besondere Rolle. Denn das kleine Terrain vor der Teehütte ist eine Zone der Annäherung. Sie dient der Einstimmung auf die so ganz andere Welt des Teeraumes. Dabei wird in der Gartengestaltung alles vermieden, was ablenken oder starke Emotionen auslösen könnte. Ein Teegarten wird niemals eine dramatische Landschaft schildern, wie es etwa im Daisen-in geschieht. Farbenprächtige, blühende Bäume und Büsche werden im allgemeinen vermieden. Wenn überhaupt, ist es vielleicht ein Pflaumenbaum, der zu Beginn des Frühjahrs seine zarten Blüten öffnet, vielleicht auch ein Ahornbaum, der sich im Herbst leuchtend rot färbt. Dominierend sind hingegen immergrüne Pflanzen: Bäume, Sträucher, Farngewächse und Moos.

In der gestalterischen Technik stehen Teegärten den Trockenlandschaft-Gärten nahe. Allerdings fehlen die tradierten, ikonographisch festgelegten Elemente wie zum Beispiel die Kranich- und Schildkröteninsel. Statt dessen sind Wegpavimente (»Shiki-ishi«) und Trittsteine (»Tobi-ishi«) hier von allergrößter Wichtigkeit. Denn die grundlegende Struktur dieser Gartenform ist die eines Gartenpfades.

Im Gegensatz zu den klassischen Karesansui-Gärten des frühen 16. Jahrhunderts tauchen in Teegärten auch regelmäßig bestimmte Elemente auf, denen praktische Funktionen in der Teekunst zukommen. Dazu zählen Steinlaternen (»Ishidōrō«; vgl. Abb. 96, 97), Wasserschöpfbecken aus natürlichen Steinen (»Tsukubai«; vgl. Abb. 48, 98) und Brunnen (»Ido«; vgl. Abb. 101).

Der Teegarten – manchmal auch poetisch »Taugrund« (»Roji«) genannt – dient dazu, eine ruhige und bescheidene Atmosphäre zu schaffen. Durch das spezielle Gartendesign und die Teehausarchitektur soll das Ambiente eines Bergdorfes als angemessener äußerer Rahmen für die Teekunst entstehen. Dieser Rückgriff auf rustikale

定式茶庭全圖

Formen setzt sich auch im Innern der Teehütte fort und bestimmt sogar die Gestaltung von Teekeramik und Teeutensilien.

Teegärten sind oftmals von berühmten Teemeistern angelegt worden, Sen no Rikyū etwa, der eigentliche Begründer des Teeweges, oder Furuta Oribe, mit dessen Namen sich auch ein bestimmtes Keramikdekor verbindet. Manche Teemeister haben spezielle Formen für Steinlaternen entwickelt.

Teegärten finden sich in manchen Tempel-Anlagen, in den großen feudalen Teichgarten-Anlagen der Edo-Zeit, in den Häusern der berühmten Teemeister, in zahlreichen Privathäusern und oftmals auch in traditionellen japanischen Gasthäusern. Die Darstellung eines Teegartens im »Tsukiyama Teizōden« (»Überlieferung den Gartenbau betreffend«), dem berühmtesten Gartenmanual der Edo-Zeit, zeigt eine Teegarten-Anlage im formalen Stil (Abb. 46).

Berühmte Teegärten in Kyōto sind in den beiden Teekunst-Schulen Ura Senke und Omote Senke zu finden. Beide Schulen wurden von Enkeln des berühmten Sen no Rikyū begründet. Sehenswert ist auch der Teegarten im Kōhō-an, einem Subtempel des Daitoku-ji (Abb. 47). Es gibt auch einige sehr moderne Teegärten. Der berühmteste unter ihnen ist wohl der 1961 von Shigemori Mirei geschaffene Teegarten im Zuihō-in, einem weiteren Subtempel des Daitoku-ji. Er besteht aus einem gepflasterten Innenhof mit einem zentralen Wasserschöpfbecken (Abb. 48).

◁◁ 47 Teegarten des Kōhō-an, Daitoku-ji, Kyōto. 17. Jh.

◁ 48 Moderner Teegarten im Zuihō-in, Daitoku-ji, Kyōto. 20. Jh.

6 Moderne Steingärten (20. Jahrhundert)

Das 19. Jahrhundert ist ein Zeitalter des Niedergangs in der Geschichte des japanischen Gartens gewesen. Der Trockenlandschaft-Garten war zu akademischer Regelhaftigkeit erstarrt. Neue belebende Impulse ergaben sich erst in unserem Jahrhundert. Parallel zu einem neuerwachten Interesse am Zen-Buddhismus entstanden in den letzten 50 Jahren moderne Steingärten in verschiedenen Zen-Tempeln.

Pionier dieser Entwicklung ist Shigemori Mirei gewesen, ein vor wenigen Jahren in hohem Alter verstorbener Gartenschöpfer und Gartenforscher. Bereits 1939 legte er auf dem Gelände des Tōfuku-ji, der zu den großen Zen-Tempelkomplexen in Kyōto zählt, einige bemerkenswerte Gärten an (Abb. 49). Pionierarbeit leistete er auch bei der Rekonstruktion des Funda-in, eines Subtempels des Tōfuku-ji, der als Werk des berühmten Zen-Malers Sesshū gilt. Auch einem anderen berühmten Garten, der ebenfalls Sesshū zugeschrieben wird, ist Shigemori Mirei verbunden. Es ist der Garten des Tempels Jōei-ji in Yamaguchi. Hier wurde ein Garten an der Vorderseite des Tempelgebäudes von Shigemori Mirei gestaltet (Abb. 52). Das vielleicht eindrucksvollste Beispiel seiner expressiven Steinsetzun-

49 Moderner Steingarten im Tōfuku-ji, entworfen von Shigemori Mirei, Kyōto. ▷
20. Jh.

50 Moderner Trockenlandschaft-Garten im Zuihō-in, Daitoku-ji, Kyōto. 20. Jh. ▷▷

51 Japanischer Garten als Teil des Neuen Botanischen Gartens in Hamburg, ▷▷▷
Entwurf von Araki Yoshikuni. 20. Jh.

52 Steingarten von Shigemori Mirei im Jōei-ji, Yamaguchi, Westjapan. 20. Jh.

53 Yin-Yang-Garten im Taizō-in, entworfen von Nakane Kinsaku, Myōshin-ji, Kyōto. 20. Jh.

gen findet sich in einem der Subtempel des Daitoku-ji in Kyōto, im Zuihō-in (Abb. 50).

Eindrucksvolle Gärten wurden auch von Nakane Kinsaku geschaffen, der mehr noch als Shigemori Mirei einem klassischen Gartenideal verpflichtet ist. Allerdings hindert ihn diese grundsätzliche Orientierung nicht, manchmal in bestimmten Details zu ganz modernen Lösungen zu finden. Im Garten des Taizō-in, einem Subtempel des Myōshin-ji in Kyōto, hat er neben einem Teichgarten auch einen sogenannten Yin-Yang-Garten im Trockenlandschaft-Stil angelegt (Abb. 53).

Neuerdings überschreitet der japanische Garten in zunehmendem Ausmaß die Grenzen des Inselreiches. Auch in Deutschland sind in den letzten Jahren mehrere, von japanischen Gartenarchitekten geschaffene Gärten entstanden. Zu nennen sind hier vor allem der von Nagare Masayuki entworfene Garten im Kölner Museum für Ostasiatische Kunst und eine japanische Gartenanlage innerhalb des Neuen Botanischen Gartens in Hamburg, der von Araki Yoshikuni geschaffen wurde (Abb. 51).

Die heutigen herausragenden Gartengestalter sind teils Praktiker wie Nakane Kinsaku, teils auch Hochschullehrer, die neben ihrer mehr akademisch orientierten Gartenforschungstätigkeit gelegentlich auch Gärten entwerfen. Ein solcher Vertreter ist Mori Osamu, dem auch die Ausgrabung und Restaurierung zahlreicher früher Gärten zu verdanken ist. Daneben haben sich in jüngster Zeit zunehmend Bildhauer und Architekten in der Gartenkunst engagiert, unter anderen Japans international bekanntester Architekt Tange Kenzō.

III   Elemente des japanischen Gartens

1   Teichformen

Bei den Teichformen läßt sich in der jahrhundertelangen Geschichte des japanischen Gartens keine lineare Entwicklung feststellen. In den verschiedenen Epochen sind die Teiche mal größer, mal wieder kleiner. Manchmal haben sie nur eine Insel, dann wieder mehrere.

In der frühesten Phase der japanischen Gartengeschichte, im 5./6. Jahrhundert, diente der Teich meist als sakrale Sphäre der Verehrung shintōistischer Götter. Solche »Götterteiche« wiesen mehrere Inseln auf, da in shintōistischen Heiligtümern oftmals mehrere Gottheiten des umfangreichen Pantheons verehrt werden (Abb. 54; vgl. Abb. 1).

Bei Teichgärten, die vor allem Wohnzwecken dienten, gab es nur eine Insel in der Mitte des Teiches. Darauf wurde der Palast gebaut. Die Teiche hatten in jener Zeit entweder primär eine Schutzfunktion oder waren Bestandteil des religiösen Kultes. Ästhetische Momente verstärkten sich unter chinesischem Einfluß erst gegen Ende dieser Epoche, eine Tendenz, die sich auch in der nachfolgenden Asuka- und Nara-Zeit (7./8. Jh.) fortsetzte. Die Teiche dieser Epoche hatten oft eine langgezogene, gewundene Form.

In der Heian-Zeit (8.–12. Jh.) tauchen vor dem Hauptgebäude der Palastanlage im Stil des »Shinden-zukuri« großflächige Teichgärten auf, die sich vorzüglich für Bootsfahrten eigneten (Abb. 55, 57). Das »Sakutei-ki« (»Aufzeichnung über die Errichtung von Gärten«) beschreibt, wie man das Ufer dieser Teiche gestalten muß, damit der Eindruck einer Küstenlandschaft entsteht.

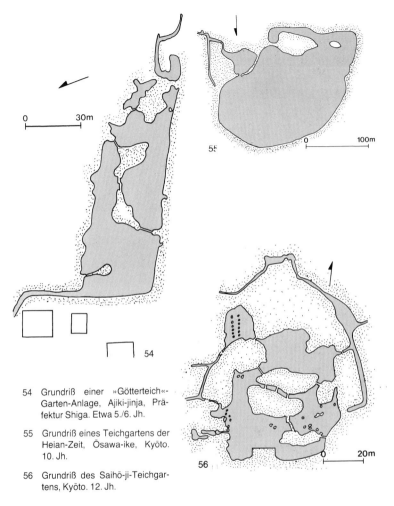

54 Grundriß einer »Götterteich«-Garten-Anlage, Ajiki-jinja, Präfektur Shiga. Etwa 5./6. Jh.

55 Grundriß eines Teichgartens der Heian-Zeit, Ōsawa-ike, Kyōto. 10. Jh.

56 Grundriß des Saihō-ji-Teichgartens, Kyōto. 12. Jh.

Gegen Ende dieser Phase entstanden mit den Paradiesgärten im Stil des Jōdo-Buddhismus erstmals Garten-Anlagen, die ausschließlich ein buddhistisches Konzept ausdrückten. Sie waren die Übertragung buddhistischer Kultbilder (»Mandala«) auf die Struktur des Teichgartens. So wie im Mandala Buddha die zentrale Position innehat und von symmetrisch angeordneten buddhistischen Heils-

57 Der Ōsawa-Teich (Ōsawa-ike) ist eine der wenigen erhaltenen Garten-Anlagen aus der Heian-Zeit, Kyōto. 10. Jh.

figuren minderen Rangs umgeben ist, so wurde im großen Teich eines Paradiesgartens eine zentrale Insel angelegt, die von Süden und Norden durch eine Brücke erreichbar war. Der Teich war mit Lotuspflanzen bedeckt, im Norden der Anlage wurde eine Amida-Halle gebaut.

Die Kamakura-Zeit (12.–14. Jh.) war eine Übergangszeit. Zunächst wurde die Grundstruktur des Gartens der Heian-Zeit beibehalten. Allerdings setzten sich unter dem Einfluß des Zen-Buddhismus und der von den Samurai-Schichten getragenen, ursprünglich vom japanischen Bauernhaus abgeleiteten Shoin-Architektur allmählich bescheidenere Formen durch, was zu einer Verkleinerung der Teiche und einer Vergrößerung des Anteils der Inselflächen führte. Typisch für diese Zeit sind auch zweistufige Garten-Anlagen wie beim Saihō-ji (Abb. 56, 59). Wichtiger als beim Garten der Heian-Zeit sind jetzt die Steinsetzungen, die wesentlich dazu beitragen, Landschaften im Stil der chinesischen Sung-Malerei zu suggerieren.

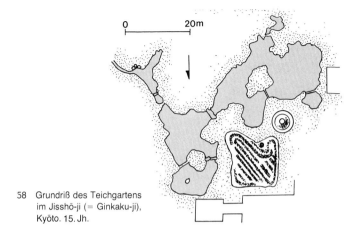

58 Grundriß des Teichgartens im Jisshō-ji (= Ginkaku-ji), Kyōto. 15. Jh.

Die Muromachi-Zeit (14.–16. Jh.) sieht im Gartendesign ein weiteres Zurückdrängen des Teichgartens (Abb. 58, 60). Oft besteht er – wie die Anlagen, die dem Zen-Maler Sesshū in Westjapan zugeschrieben werden – nur noch in einer ganz schmalen Teichzone. Demgegenüber gewinnen Steinsetzungen, Laternen, Wasserschöpfbecken, Gartenpagoden und kleine architektonische Elemente ein immer größeres Gewicht.

Die Momoyama-Zeit (17. Jh.) ist eine Epoche der Konsolidierung weltlicher Macht in Japan. Es ist ein Zeitalter der Emporkömmlinge, die sich zu allgewaltigen Herren des Inselreiches – bei formaler Fortdauer der Kaiserherrschaft – aufgeschwungen hatten. Ihnen war eine Ästhetik der Bescheidenheit und des Understatement, wie sie sich in den turbulenten, krisengeschüttelten Jahrzehnten der ausgehenden Muromachi-Zeit entwickelt hatte, völlig fremd. Vielmehr suchten sie ihre neugewonnene Macht durch prunkvolle und luxuriöse Formen auch nach außen zu demonstrieren. Daher tauchen in dieser Epoche wieder größere Teiche als zentrale Elemente großflä-

59 Teichgarten des Saihō-ji (= »Kokedera«, »Moostempel«), Kyōto. 12./14. Jh. ▷

60 Teichgarten des Jōei-ji, Yamaguchi, Westjapan. 15. Jh.

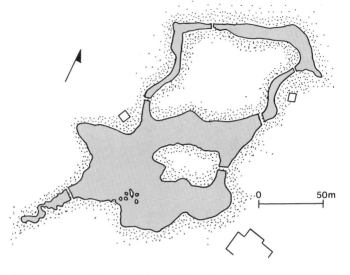

61 Grundriß des Teichgartens Rikugi-en, Tōkyō. 17. Jh.

62 Grundriß des Teichgartens Sanzen-in, Kyōto. 18. Jh.

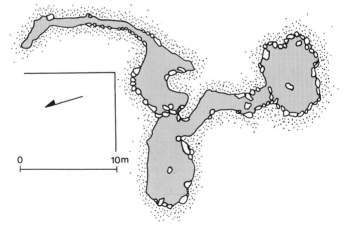

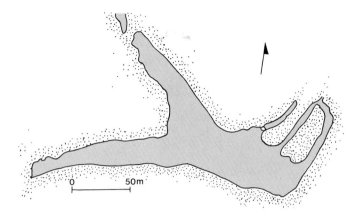

63　Grundriß des Teichgartens im Meiji-Schrein (Meiji-jingu), Tōkyō. Anfang 20. Jh.

chiger, üppig ausgestatteter Landschaftsgärten auf (Abb. 61; vgl. Abb. 18). Diese Phase dauerte bis zum Ende der frühen Edo-Zeit, also etwa bis zum Ende des 17. Jahrhunderts. Danach wurden die Teiche wieder kleiner und schmaler (Abb. 62; vgl. Abb. 19).

Die mittlere Edo-Zeit (18. Jh.) sah eine zunehmende Standardisierung im Gartendesign. Dies führte zu einer akademischen Erstarrung der Gartenkunst. Diese Tendenz wird deutlich im wichtigsten Gartenbuch des 18. Jahrhunderts, dem »Tsukiyama Teizōden« (»Überlieferung den Gartenbau betreffend«). Die in diesem Stil ausgeführten Gärten haben noch etwas kleinere Teichformen.

Der Verfall der Gartenkunst setzte sich im 19. Jahrhundert fort. Auch die Begegnung mit westlichen Gartenformen brachte zunächst kaum einen Aufschwung (Abb. 63). Erst in den Jahrzehnten nach dem Zweiten Weltkrieg entstanden einige bemerkenswerte moderne Teichgärten. Allerdings hat sich in der Teichform bislang noch kein einheitlicher Trend durchgesetzt.

Steine sind neben dem Teich das wichtigste Element des japanischen Gartens. Ja man kann sie zu Recht sogar als sein »Knochengerüst« bezeichnen. Ausgangspunkt der Entwicklung war die Verehrung von Steinen als göttliche Wesen im frühen Shintōismus. Auch wenn

64 Frühe Dreier-Steingruppe im On-jō-ji, Ōtsu, Präfektur Shiga. 7. Jh.

65 Dreier-Steingruppe der Heian-Zeit beim Ōsawa-Teich, Kyōto. 10. Jh.

66 Dreier-Steingruppe der Muroma-chi-Zeit, Fugen-ji, Präfektur Ya-maguchi, Westjapan. 15. Jh.

67 Dreier-Steingruppe im Mampu-ku-ji, Masuda, Präfektur Shima-ne, Westjapan. 15. Jh.

68   Dreier-Steingruppe im Ryōan-ji-Steingarten, Kyōto. Ende 15. Jh.

man in dieser Zeit noch nicht von gartenartigen Steinsetzungen sprechen kann, so ist doch seit damals der Stein im kollektiven Unterbewußtsein der Japaner mit dem Nimbus einer übermenschlichen Seinsqualität behaftet. Daher kann es nicht verwundern, wenn in der späteren Entwicklung gerade Steine zum Ausdrucksträger religiöser Ikonographie wurden. Vor allem Elemente taoistischer und buddhistischer Glaubensvorstellungen spiegeln sich in ihnen wider. Somit sind Steine von Anfang an für die ikonographische Aussage eines Gartens das wesentlichste Stilmittel gewesen.

Der Stellenwert von Steinsetzungen ist im japanischen Garten in einem jahrhundertelangen, evolutionären Prozeß ständig angewachsen, bei einem gleichzeitigen Bedeutungsverlust des Gartenteiches. Logischer Schlußpunkt dieser Entwicklung war der Karesansui-Garten.

Steine haben durch ihre materialbedingte Unveränderlichkeit und Beständigkeit gegenüber pflanzlichen Elementen des Gartens eine herausgehobene Stellung. In ihnen vor allem manifestiert sich die bleibende kreative Leistung eines Gartenschöpfers.

69 Dreier-Steingruppe im Binnengarten des Daisen-in, Daitoku-ji, Kyōto. 20. Jh.

70 Dreier-Steingruppe im Sangen-in, Daitoku-ji, Kyōto. 20. Jh.

71   Kranichinsel-Steinsetzung (Tsurushima) im Daisen-in, Daitoku-ji, Kyoto. 16. Jh.

Eine sehr frühe Steinsetzungsform im japanischen Garten ist der
»Shumi-Berg« (»Shumi-sen«), der buddhistische Weltenberg
Mount Sumeru. Anfangs war darunter wohl eher eine Art Steinplastik zu verstehen (vgl. Abb. 3), aber schon bald entstand daraus eine
bestimmte landschaftsartige Form der Steinsetzung mit einem
hohen, steil aufgerichteten Stein im Zentrum, der von mehreren
Nebensteinen umgeben wird.

In der Gesamtanlage des Gartens kommt dieser Steingruppe
zentrale Bedeutung zu. Sie kann mitten im Teich stehen, auf einem
künstlich angelegten Hügel (»Tsukiyama«), auf der Mittelinsel des
Teiches oder inmitten eines Karesansui-Gartens. Im Ryōgen-in-
Garten (vgl. Abb. 43) ragt der Shumi-sen aus der mit Moos bestandenen Gartenfläche als eindeutig dominierender Hauptstein des
Gartens heraus. Gleichzeitig ist der Shumi-sen-Stein hier auch das
mittlere, beherrschende Element einer Sanzon-ishigumi (Steingruppe der buddhistischen Trinität), einer immer aus drei Steinen
bestehenden Figuration. Solche Dreiergruppen finden sich in allen
Epochen der japanischen Gartengeschichte (Abb. 64–70). In ihnen
hat man eine Analogie zu Dreierfigurationen in der sakralen buddhi-

stischen Bildkunst zu sehen, die man allerdings nicht mit einer Trinitätsvorstellung im christlichen Sinne verwechseln darf.

Die taoistische Vorstellung einer Insel der Seligen (»Hōrai«) hat die Ikonographie des japanischen Gartens nachhaltig geprägt. Diese Hōrai-Insel hat im japanischen Garten als Teichinsel, als Berg oder als Steinsetzung Gestalt angenommen. Zu diesem ikonographischen Komplex gehören auch Steinsetzungen in mehr oder weniger naturalistisch gestalteten Kranich-und Schildkrötenformen, sogenannte Kranich- und Schildkröteninseln (Abb. 71, 72). Beide – Kranich wie Schildkröte – gelten als Symbole für langes Leben.

Auch Steine in Form eines Schiffes – gemeint ist ein auslaufendes Schatzschiff – gehören zur ikonographischen Sphäre des Hōrai-Glaubens. Das vielleicht berühmteste Beispiel für solch einen Schiff-Stein findet sich im Daisen-in (vgl. Abb. 36).

Seit der Heian-Zeit tauchen Steinsetzungen in Form eines Wasser-falls (»Taki-ishigumi«) auf. Dieser kann faktisch den Zufluß zum Teich bilden oder auch – ohne jede praktische Funktion – aus rein ästhetischen Gründen als »trockener Wasserfall« (»Karetaki«) angelegt sein. Es kann auch vorkommen, daß eine Wasserfall-Steinsetzung erst nachträglich trocken wird, wie es beim Wasserfall des Tenryū-ji (vgl. Abb. 108) der Fall ist. Auch in Karesansui-Gärten ist häufig eine Wasserfall-Steinsetzung zu finden. Als exemplarisches Beispiel sind hier wieder die Gärten des Reiun-in und des Daisen-in zu nennen (Abb. 73, 74).

Ein besonderes Charakteristikum japanischer Gartenkunst ist seit der Muromachi-Zeit die Anordnung von Steinen nach dem 7-5-3-Schema. Diese Anordnung findet sich beispielsweise im Ryōan-ji, im Shinju-an, im Hōjō-Garten des Daitoku-ji und im Shōden-ji. Das Schema geht auf ein der chinesischen Kosmologie entstammendes Denkmodell zurück, das sogenannte »Lo-shu« (Abb. 75). Es ist ein zahlensymbolisches Modell von kosmologischer Allgemeingültigkeit. Ein in neun gleich große Quadrate aufgeteiltes Quadrat repräsentiert die Mitte und die acht Himmelsrichtungen. Der Kosmos wird also in neun Felder eingeteilt, von denen jedes eine Ziffer des dezimalen Zahlensystems trägt, das heißt, die Zahlenreihe von 1 bis 9 erscheint in einer bestimmten Anordnung auf den neun Teilquadraten. In zentraler Stellung befindet sich die 5, die in China

72 Schildkröteninsel-Steinsetzung (Kameshima) im Daisen-in Daitoku-ji, Kyōto. 16. Jh.

73 Historische Darstellung des Reiun-in-Gartens, Kyōto. 16. Jh. Aus dem »Miyako Rinsen Meisho Zue«

◁ 74 Der »trockene Wasserfall« im
Garten des Reiun-in, Myōshin-ji,
Kyōto, 16. Jh.

4	9	2
3	5	7
8	1	6

75 Das kosmologische Diagramm
»Lo-shu« mit der 7-5-3-Reihung
in der Mitte

allgemein als Zahl der Mitte angesehen wird. Die Zahlen sind in
diesem Diagramm so angeordnet, daß die Summe jeder möglichen
Reihung unter Einschluß der Diagonalen immer 15 ist. Das 7-5-3-
Schema entspricht der mittleren horizontalen Reihung innerhalb des
Diagramms.

Dieses Kosmogramm soll der Legende nach auf die Zeit des
Kaisers Yü zurückgehen. Yü war der Begründer der Hsia-Dynastie

76 Typus des 7-5-3-Gartens. Historische Darstellung im »Tsukiyama Teizōden«

und regierte 2205–2197 v. Chr. Der Fluß Lo, an dem die Hauptstadt Lo-yang lag, soll dieses Zahlenspiel an Land gespült haben.

Zugrunde liegt die Vorstellung, daß durch ein solches Diagramm das Universum auf ein simples Schema reduziert werden kann und daß man dies dann in die Architektur, Stadtplanung oder auch in die Gestaltung eines Gartens einbeziehen muß, um auf diese Weise die Totalität des Kosmos im Kleinen auszudrücken.

Die Vorstellung dieses Diagramms reicht weit in die chinesische Frühzeit zurück, war dann aber lange verschollen und tauchte erst wieder in der Sung-Zeit (10.–12. Jh.) auf. Im Zusammenhang mit der Vermittlung der chinesischen Sung-Kultur durch Zen-Mönche gelangte auch das Lo-shu in den Bereich der japanischen Gartenkunst. Es kann nicht verwundern, daß gerade ein solches Modell, das mit neun Zahlen die Totalität des Kosmos ausdrücken will, im Karesansui-Garten aufgegriffen wurde, der seinerseits in höchst abstrakter Weise als kosmische Chiffre zu verstehen ist.

Das »Tsukiyama Teizōden« zeigt einen Garten im 7-5-3-Schema, der dem Ryōan-ji-Garten konzeptionell sehr ähnlich ist (Abb. 76; vgl. Abb. 40).

3   Trittsteine

Bei den frühen Formen des japanischen Gartens spielten Trittsteine noch keine entscheidende Rolle, denn diese Anlagen waren ja primär dazu geschaffen, um mit Booten befahren oder vom Haus aus betrachtet zu werden. Ähnliches gilt für Gärten mit einem ausgesprochen meditativen Charakter. Erst mit dem Auftauchen der Teegärten im 16. Jahrhundert und der nachfolgenden Übertragung bestimmter Gestaltungselemente dieser Gartenart auch auf großflächige Teichgärten oder Karesansui-Gärten gewannen Trittsteine wirkliche Bedeutung.

Ihre Funktion im Teegarten bestand darin, daß sie ein Niedertreten des feinen Mooses verhinderten und dem Besucher der Teehütte nasse Füße ersparten. Anfangs, als die Teehäuser noch relativ groß waren, benutzte man ziemlich voluminöse Steine. Mit der zunehmenden Reduzierung der Größenausmaße der Teehütte wurden auch die Schrittsteine immer kleiner.

Die Gestaltung von Trittsteinen erfordert ein hohes Maß an Einfühlungsvermögen, vor allem einen ausgeprägten Sinn für Größenrelationen und Harmonie. Man unterscheidet im wesentlichen zwei Arten von Trittsteinen: Zum einen sind es *Wegpavimente* (»Shiki-ishi«), bei denen bearbeitete oder unbearbeitete Steine zu rechteckigen Wegflächen zusammengesetzt werden (Abb. 77–80). Diese Pavimente müssen so breit sein, daß zwei Menschen nebeneinander gehen können. Zum anderen sind es *Schrittsteine* (»Tobiishi«): freie Steinsetzungen, bei denen meist natürliche, mitunter aber auch zu geometrischen Formen bearbeitete Steine in Schrittabstand plaziert werden (Abb. 81–83).

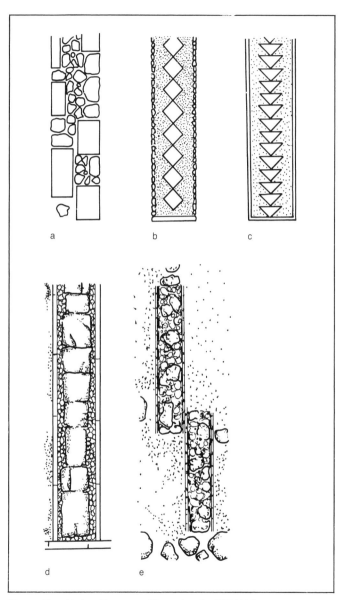

a b c

d e

77 a–e   Verschiedene Formen von Wegpavimenten (Shiki-ishi)

78   Wegpavimente (Shiki-ishi) beim Zugang zum Tempel Konchi-in, Kyōto ▷

79 Wegpavimente (Shiki-ishi) und Steinsetzungen im Tempel Konchi-in, Kyōto

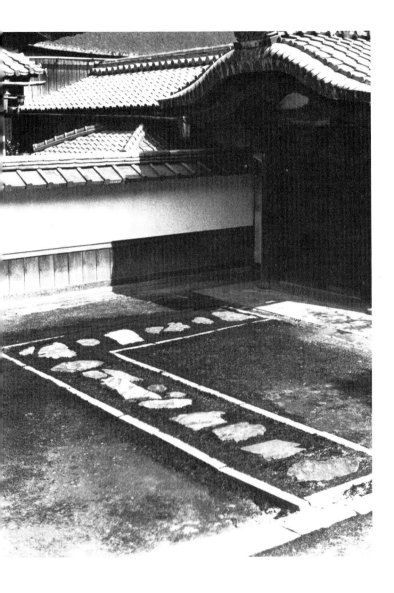

130 Wegpavimente beim Shūon-an, Ikkyū-ji, Kyōto. 17. Jh.

2   Schrittsteine (Tobi-ishi) im Garten des Katsura Rikyū, Kyōto. 17. Jh.

1   81 a–e   Verschiedene Formen von Schrittsteinen (Tobi-ishi)

83   Schrittsteine (Tobi-ishi) im Garten des Shugaku-in, Kyōto. 17. Jh.

Beide Formen von Trittsteinen, Shiki-ishi und Tobi-ishi, stammen aus dem Teegarten. Vor allem werden Tobi-ishi benutzt; dort, wo der Gastgeber der Teezeremonie seine wartenden Gäste empfängt, sind es allerdings Shiki-ishi. Denn dort müssen mehrere Leute nebeneinander gehen können. Schrittsteine haben für den Garten sowohl eine funktionale wie auch eine ästhetische Bedeutung. Der große Teemeister Sen no Rikyū hat einmal gesagt, Tobi-ishi bestünden zu 60 Prozent aus Nützlichkeit und zu 40 Prozent aus Schönheitssinn.

Eine Variante der Tobi-ishi sind die sogenannten Sawatari-ishi (Abb. 84). Hierbei handelt es sich um Schrittsteine, die inmitten von flachem Wasser gesetzt werden. Funktional betrachtet, ersetzen sie eine Brücke.

84   Trittsteine im Wasser (Sawatari-ishi) im Garten Isui-en, Nara. Anfang ▷
     20. Jh.

4   Künstliche Hügel

Die Tradition künstlich angelegter Berge reicht bis in die Heian-Zeit zurück, als nach chinesischem Vorbild gelegentlich sogenannte »Kazan« errichtet wurden. Da Kyōto reich an natürlichen Bergen und Hügeln ist, spielten diese Kazan allerdings zunächst nur eine Nebenrolle.

Das änderte sich erst in der Zeit der großen Landschaftsgärten, die im 17. und 18. Jahrhundert im völlig ebenen Edo angelegt wurden und häufig provinziellen Daimyōs als Vorbild dienten. Solche künstlich angelegten Berge nannte man Tsukiyama (Abb. 85). Die Tsukiyama der Edo-Zeit sind oft mit Rasen bedeckt, mitunter wurden sie ganz naturalistisch als Abbild des Berges Fuji ausgeführt.

85   Künstlich angelegter Hügel (Tsukiyama) im Kōraku-en-Garten, Tōkyō. 17. Jh.   ▷

Sand spielt im japanischen Garten in zweifacher Hinsicht eine wichtige Rolle. Zum einen tauchen in shintōistischen Schreinen und in Tempeln mitunter spitzkegelige, aus Sand geformte Aufschüttungen auf, die »Sunamori« genannt werden. Zum anderen dient Sand ja im Trockenlandschaft-Stil als Substitut für Wasserflächen und wird deshalb mit einer überdimensionierten Harke aus Holz in bestimmten Mustern geharkt. Diese oft wellenförmigen Sandmuster nennt man »Samon« oder »Hōkime«.

86   Historische Darstellung des Ginkaku-ji im »Miyako Rinsen Meisho Zue«

87   Sandkegel im Kamigamo-Schrein, Kyōto. 6. Jh.

Ein sehr frühes Beispiel für eine Sandaufschüttung findet sich im Kamigamo-Schrein in Kyōto (Abb. 87), der in seinen Anfängen bis ins 6. Jahrhundert zurückreichen soll. Zwei spitze Kegel aus festgeklopftem Sand stehen dort mitten auf einer ansonsten leeren Sandfläche. Wahrscheinlich haben diese Sandkegel eine Funktion im Kontext shintōistischer Reinigungsriten. In Berichten über spätere Garten-Anlagen ist davon die Rede, daß man Sand an bestimmten Stellen des Gartens aufbewahrte, um ihn immer dann zu verstreuen, wenn kaiserliche Besucher zu erwarten waren. Möglicherweise sind auch die Sandhügel in Zen-Tempelgärten, wie beispielsweise im Südgarten des Daisen-in (vgl. Abb. 35), ein Anklang an diese ursprüngliche Funktion. Allerdings dürfte bei diesen Gärten der Muromachi-Zeit längst der ästhetische den ursprünglich pragmatischen Aspekt überdecken.

Ganz deutlich wird eine ästhetische Intention im Garten des Silbernen Pavillons (»Ginkaku-ji«). Zwischen Pavillon, Teich und

88   Kōgetsudai und Ginshanada – zwei Sandfigurationen vor dem »Silbernen ▷
Pavillon«, Ginkaku-ji, Kyōto. 15./16. Jh.

89   Verschiedene in Sand geharkte Muster (Samon)

den übrigen Gebäuden der Anlage liegen zwei merkwürdige, ganz aus Sand geschaffene Gebilde, die als »Kōgetsudai« (»Plattform gegenüber dem Mond«) und »Ginshanada« (»Silbersandmeer«) bezeichnet werden (Abb. 86, 88). Der »Kōgetsudai« ist ein kegelförmiger, völlig ebenmäßiger, oben abgeflachter Berg, der den Fuji symbolisieren soll. Das »Silbersandmeer« (»Ginshanada«) besteht aus einer etwas erhöhten Sandfläche, die in parallel verlaufenden Linien geharkt ist. Manche Forscher sehen hierin eine abstrahierte Wiedergabe des legendären chinesischen Westsees, der in vielen chinesischen Gedichten als ideale Landschaft besungen wurde.

Über die Entstehung und Bedeutung dieser beiden Sandzonen ist viel diskutiert worden. Meistens wird dieser Teil des Gartens als unharmonisch und deplaciert dargestellt. Mitunter wird auch der Versuch unternommen, ihn als Zutat späterer Epochen einzuordnen. Die Erwähnung des »Ginshanada« in einem Gedicht aus dem Jahre 1578 legt jedoch die Vermutung nahe, daß die Sand-Figurationen doch aus der allerersten Zeit dieses Gartens stammen und daß ihnen eine besondere Funktion bei der Betrachtung des Mondes aus dem Pavillon-Gebäude heraus zukam.

Bei den geharkten Sandmustern – »Samon« – gibt es neben simplen Wellenlinien auch viel kompliziertere Muster (Abb. 89): konzentrische Kreise etwa oder Spiralmuster. Sehr häufig tauchen diese Sandmuster in den Trockenlandschaft-Gärten der Zen-Tempel auf (Abb. 90). Das alltägliche Harken des Sandes ist ein wichtiges Element der in den Tempeln lebenden und arbeitenden Zen-Mönche.

90 Sandmuster im Zuihō-in-Garten, Daitoku-ji, Kyōto. 20. Jh.

Brücken hat es im japanischen Garten von Anfang an gegeben. Schon im Bericht über Michiko no Takumi, den im 7. Jahrhundert aus Korea eingewanderten Gartenmeister, ist die Rede davon, daß er eine »Kure-Brücke« im kaiserlichen Palastgarten bauen sollte. Damit war eine gebogene, rotlackierte Holzbrücke im chinesischen Stil gemeint. Brücken aus den frühen Epochen einschließlich der Heian-Zeit sind heute nicht mehr erhalten. Man kann sich jedoch

91 Garten-Anlage des Kaiserlichen Palastes in Kyōto (Kyōto Gosho), Kyōto. 17. Jh.

92   Steinbrücke im Garten des Taizō-in, Myōshin-ji, Kyōto. 16. Jh.

aus literarischen Quellen, aus den Palastgärten-Abbildungen auf den Rollbildern (»Emakimono«) jener Zeit und aus nachempfundenen Formen (Abb. 91) ein Bild davon machen. Danach sind in dieser Epoche nur Holz- und Erdbrücken gebaut worden.

Steinbrücken sind hingegen erst seit der Muromachi-Zeit, also seit dem 14. Jahrhundert, bekannt. Die älteste ist wohl jene im Tenryū-ji unmittelbar vor der Wasserfall-Steinsetzung. Man hat hier wie in allen anderen Gärten der Muromachi-Zeit flache, längliche Natursteine benutzt (Abb. 92). Dies gilt sowohl für Teich- als auch für Karesansui-Gärten. Gegen Ende der Epoche wurden die flachen Natursteine allmählich durch dickere ersetzt.

93   Erdbrücke im Garten Koraku-en, Okayama. Ende 17. Jh.   ▷

94   Hausteinbrücke im Garten des Ginkaku-ji, Kyōto. 15./16. Jh.

Manchmal finden sich in den großflächigen Landschaftsgärten der Edo-Zeit auch Brücken, die vor allem eine ästhetische Funktion zur Beschreibung einer bestimmten Landschaftsszenerie haben. Auch Brücken mit architektonischen, pavillonartigen Aufbauten kommen in dieser Spätphase vor, ebenso *Erdbrücken* (Abb. 93) und stegartige *Holzbrücken* (Abb. 95).

In der Edo-Zeit wurden wieder häufiger Brücken aus flachen Steinen gebaut. Nun tauchen mitunter auch *Hausteinbrücken* (»Kiriishi-bashi«) auf (Abb. 94), die von Kobori Enshū entworfen sein sollen und ein artifizielles Element in die Gartenkunst brachten. Bei diesen Hausteinbrücken gibt es gerade und gebogene Formen.

95   Stegartige Holzbrücke im Garten Koraku-en, Okayama. Ende 17. Jh. ▷

7 Laternen, Wasserschöpfbecken, Gartenpagoden

Der japanische Garten weist im allgemeinen kaum Steinskulpturen auf, wenn man einmal von den wenigen buddhistischen Figuren absieht, von denen eine beispielsweise im Garten des Sanzen-in steht. Steinskulpturen funktionaler Art wie etwa Laternen, Wasserschöpfbecken oder Gartenpagoden haben ihren Weg in den japanischen Garten als typische Attribute des Teegartens gefunden, das heißt, daß sie erst vom späten 16. Jahrhundert an auftauchen.

96 Steinlaterne (Ishidōrō) im Garten des Ajiki-jinja

a   b   c   d

e   f   g

97 a–g   Verschiedene Typen von Steinlaternen (Ishidōrō)

Angeblich hat die Mode der *Steinlaternen* (»Ishidōrō«) damit begonnen, daß der Teemeister Sen no Rikyū in den von ihm entworfenen Gärten Steinlaternen aus alten Tempeln und Schreinen aufstellte. Diese verwitterten Steinlaternen brachten ein altehrwürdiges Flair in den Garten, ihre Patina entsprach genau der ästhetischen Stimmung, die im Teegarten intendiert wurde (Abb. 96).

Im Rahmen der Teegärten wurden viele verschiedene Laternentypen entwickelt (Abb. 97). Bezeichnend für diese Typenfülle ist die Tatsache, daß japanische Bücher über Gartenkunst manchmal über hundert verschiedene Steinlaternenformen abbilden.

Auch *Wasserschöpfbecken* (»Chōzubachi«) sind ein notwendiger Bestandteil des Teegartens (Abb. 98). In alten Zeiten gab es zwar bereits in Tempeln und Schreinen Wasserbecken, die allerdings mit den späteren Formen im Teegarten nichts zu tun haben. Von der Funktion her sind die Wasserschöpfbecken zum Händewaschen da: Man schöpft mit einer Kelle aus Bambusholz Wasser aus dem Becken und begießt damit seine Hände. Auch bei Wasserschöpfbecken gibt es zahlreiche verschiedene Arten. Zu unterscheiden sind zwei Grundformen: Einmal handelt es sich um ziemlich hohe Beckenformen, die unmittelbar vor der Veranda aufgestellt werden. Solch ein Exemplar findet sich beispielsweise im Garten des Manjuin (vgl. Abb. 44). Andererseits gibt es Wasserschöpfbecken als Teil des Teegartens. In diesem Fall ist das Wasserschöpfbecken zentrales Element eines Steinensembles. Dazu zählen auch noch zwei Seitensteine zum Ablegen der Schöpfkelle und für die Lichtquelle und ein weiterer Stein, auf dem man sich vor dem relativ flachen Wasserschöpfbecken niederkniet. Dieses Steinensemble nennt man »Tsukubai«.

Neben dieser Unterscheidung nach funktionalen Kriterien gibt es aber auch stilistische Unterschiede: Wasserschöpfsteine aus einem ausgehöhlten Naturstein kommen ebenso vor wie bearbeitete Steine oder gar Steine, die ursprünglich ganz andere Funktionen hatten – zum Beispiel als Pagode oder Tempelfundament.

Auch bei den *Gartenpagoden* (»Tasōtō«) kommen verschiedene Formen vor. Ähnlich wie bei den großen Holzpagoden der Tempel gibt es im Garten Steinpagoden, die aus drei, fünf, sieben, neun, elf oder dreizehn übereinanderliegenden Dächern bestehen (Abb. 99).

8 Wasserschöpfbecken (Chōzubachi) im Garten des Shisen-dō, Kyōto. 17. Jh.

8 Architektonische Elemente

Japanische Gärten sind niemals isoliert zu betrachten, sondern können in der Regel nur im Zusammenhang eines architektonischen Funktionskomplexes gesehen werden. Das heißt, daß Gärten immer integraler Bestandteil etwa einer Palast-Anlage, eines Tempels, einer Teehütte oder eines privaten Wohnhauses sind. Mit diesen Großformen der Architektur sind die Gärten im Sinne einer übergreifenden Innen-Außen-Verschränkung fest verbunden.

Darüber hinaus gibt es im japanischen Garten sekundäre Kleinformen der Architektur, kleine Pavillons etwa, überdachte Korridore, kleine Schreine oder Tempel sowie *überbaute Brücken* (Abb. 100) und *überdachte Brunnen* (Abb. 101).

In manchen Garten-Anlagen sind diese architektonischen Elemente im Laufe von Jahrzehnten und Jahrhunderten unter der Einwirkung von Feuersbrünsten, Überschwemmungen und Taifunen längst verschwunden und niemals wiederaufgebaut worden. Dies trifft beispielsweise auf den Moosgarten des Saihō-ji zu, der nach zeitgenössischen Berichten aus seiner Entstehungszeit zahlreiche größere und kleinere Gebäude aufzuweisen hatte, die durch Korridore untereinander verbunden waren. Da auch die Inseln jenes Gartens damals noch nicht mit Bäumen und Moos bewachsen waren wie heute, muß der Gesamteindruck des Gartens in jener Zeit völlig anders gewesen sein.

◁ 99 Gartenpagoden (Tasōtō) haben im japanischen Garten eine ähnliche Schmuckfunktion wie Steinlaternen

100 Überbaute Brücke im chinesischen Stil, Shugaku-in, Kyōto. 17. Jh.

101 Überdachter Brunnen im Hōjō-Garten des Daitoku-ji, Kyōto. 17. Jh.

9 Begrenzungen

Zu den architektonischen Elementen des Funktionskomplexes Architektur/Garten gehören auch die Begrenzungen, die den Gesamtbereich von Garten-Anlage und Palast, Tempel, Teehütte oder Wohnhaus als etwas von der übrigen Umwelt zu Unterscheidendes akzentuieren. In frühen Zeiten gab es Wassergräben und Steinmauern als Begrenzung, heute sind es vor allem dichte, aus Bambus zusammengefügte Zäune, hohe geschnittene Hecken sowie ziegel- oder reetgedeckte Lehmmauern. Zur Abgrenzung einzelner Segmente innerhalb einer Garten-Anlage, also etwa zur Umfriedung eines Teegartens, werden auch leichtere Zaunkonstruktionen benutzt.

Bei den *Bambuszäunen* (»Takegaki«) gibt es viele verschiedene Konstruktionen, die oftmals nach einem bestimmten Tempel benannt werden (Abb. 102, 103). Auch hier hat es – wie bei den Steinlaternen – Teemeister gegeben, die bestimmte Formtypen geprägt haben.

Es gibt auch Zäune, die nicht aus Bambus, sondern aus anderen pflanzlichen Materialien, wie zum Beispiel Reisig, Schachtelhalm-Gewächsen oder der Borke des Hinoki-Baumes hergestellt werden.

Hecken bestehen aus immergrünen Pflanzen. Oft benutzt man hierzu Buchsbaum, mitunter auch Teebäume, Himalayazedern oder Lorbeerbäume.

Mauern können aus Holz, Steinen oder Lehm errichtet werden, neuerdings auch aus Beton. Die vielleicht eindrucksvollste Mauer in der Welt des japanischen Gartens ist jene im Steingarten des Ryōan-ji. Die schlichte, oftmals übertünchte Lehmmauer ist innen durch eine Holzkonstruktion gestützt und mit Ziegeln bedeckt (Abb. 104). Sie ist als Nationalschatz (»Kokuhō«) klassifiziert.

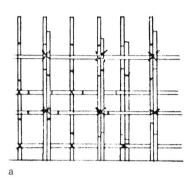

a

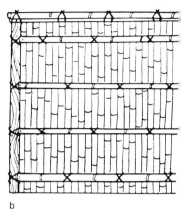

b

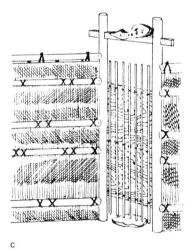

c

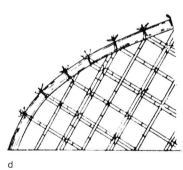

d

102 a–d Verschiedene Zauntypen
    a Grundform des Zaunes (Yotsume-gaki)
    b Zaun im Stil des Tempels Kennin-ji
    c Zaun im Stil des Tempels Daitoku-ji
    d Zaun nach dem Entwurf des Teemeisters Kōetsu

203 Bambuszaun im Garten des Hōshun-in, Daitoku-ji, Kyōto. 18. Jh.

10 Pflanzen

Pflanzen spielen im japanischen Garten nicht die dominierende Rolle, wie wir es von der europäischen Gartenkunst her gewohnt sind. Blumenrabatten, Blumenbeete oder Rosengärten sind in Japan etwas absolut Artfremdes. Typisch für den japanischen Garten ist vielmehr eine äußerste Reduzierung des pflanzlichen Elements auf wenige, meist immergrüne Bäume, Sträucher und Kleinpflanzen. Nur ganz selten tauchen Blumen oder blühende Bäume und Sträucher im japanischen Garten auf, und dann handelt es sich in der

◁ 104 Lehmmauer an der Rückseite des Steingartens im Ryōan-ji, Kyōto. Ende 15. Jh.

105 Trockenlandschaft-Garten des Hōkoku-ji, Kamakura

106 Beschnittene Büsche (Karikomi) dominieren im Garten des Shisen-dō, Kyōto.
17. Jh.

Regel um ein jahreszeitlich begrenztes Phänomen. Eine der seltenen
Ausnahmen ist der Trockenlandschaft-Garten des Tempels
Hōkoku-ji in Kamakura (Abb. 105).

Büsche wurden seit der späten Muromachi-Zeit oft in halbkuge-
lige oder eckige Formen geschnitten. Dies nennt man »Karikomi«.
Mitunter ersetzen Karikomi auch Steinsetzungen, beispielsweise im
Garten des Shisen-dō in Kyōto (Abb. 106). Es kommt auch vor,
daß Karikomi zu langen Wellenlinien geschnitten werden und so die
breite Hintergrundkulisse eines Gartens darstellen.

Bäume werden meist nicht als kleine Setzlinge in den Garten
gepflanzt, sondern bereits in voller Größe eingesetzt und dann
durch ständiges Trimmen und Beschneiden in dieser Form gehalten.
Sie sind unter den pflanzlichen Bestandteilen des Gartens am
wichtigsten. Dabei spielt die Kiefer die herausragende Rolle. Sie
kommt eigentlich in jedem Garten vor, sei er nun groß oder klein.
Andere Nadelbäume im japanischen Garten sind Tannen, Zypres-
sen und Zedern. An Laubbäumen kommen Buchen, Eichen, Roß-

kastanien, Eschen und Ahorne vor, wobei letzteren mit ihrer intensiven roten Laubfärbung im Herbst ein besonderer Stellenwert zukommt. Von Obstbäumen tauchen gelegentlich Pflaumen-, Pfirsich-, Granatapfel- und Quittenbäume auf und bringen mit ihrer Blütenpracht einen zeitweiligen Farbakzent in das Grün des Gartens. Am wichtigsten ist in dieser Gruppe jedoch der in so vielen Gedichten besungene japanische Kirschbaum.

Immergrüne Gewächse wie Buchsbaum, Tee, Kamelien, Lorbeerbäume und Steineichen gehören neben zahlreichen anderen, nur in Japan vorkommenden kleinformatigen Bäumen mit immergrünen Blättern zum Grundbestand des japanischen Gartens. Hier sind auch die zahlreichen großen und kleinen Bambusarten zu nennen, verschiedene Farngewächse, eine Art Pampasgras namens »Susuki« und vor allem zahlreiche Moosarten.

An *blühenden Pflanzen* sind vor allem Azalien, Rhododendren, Ginster, Forsythien, Päonien, Hortensien, Iris, Enzian und die blau-violett blühende Murasaki-Shikibu-Pflanze zu nennen. Sie bringen – meist ganz sparsam dosiert – Farbakzente in die ansonsten von Grünwerten dominierten Gärten.

11   Shakkei – »geborgte« Landschaft

Die »geborgte« Landschaft (»Shakkei«) ist eines der wesentlichsten Gestaltungselemente der japanischen Gartenkunst. Der Begriff geht auf ein im 17. Jahrhundert in China entstandenes theoretisches Gartenwerk zurück. In Japan tauchte er allerdings erst vor knapp hundert Jahren auf, als man den Versuch machte, die Gartenkunst zu systematisieren und in Begriffe zu fassen.

Die Technik der Einbeziehung bestimmter Elemente der Hintergrundkulisse in den Gartenentwurf, die damit gemeint ist, war jedoch schon längst bekannt. Die Japaner hatten dafür den Begriff »Ikedori« geprägt, was soviel wie »lebendig einfangen« bedeutet. Das soll heißen, daß nicht bloß eine schöne Hintergrundlandschaft gleich einer Bühnenkulisse die Gesamtwirkung des Gartens abrundet, vielmehr soll durch gezielte gestalterische Maßnahmen ein bestimmtes Element dieses Hintergrundes dem Garten als ein lebendiges Ganzes einverleibt werden. Das »einzufangende« Landschaftselement kann ein Berg, ein Fluß, das Meer oder eine Ebene sein, aber auch ein hervorgehobenes architektonisches Element, eine Pagode etwa oder ein Tempeldach.

Durch gartentechnische Maßnahmen wird also nur ein bestimmter Ausschnitt der Hintergrundlandschaft freigegeben, während das übrige verdeckt bleibt. Dabei arbeitet man mit Mauern, künstlichen Hügeln, Baumkulissen oder Hecken. Schließlich muß das fernliegende Landschaftselement mit dem Garten durch ein Zwischenglied

107   Der Berg Arashiyama bildet den einkomponierten Hintergrund des Tenryū-ji-Gartens, Kyōto. 12./14. Jh.   ▷

だいとくじ
大德寺
方丈

天祐和尚作

verbunden sein. Dazu können Steinarrangements dienen, freistehende Bäume, die Pfeiler eines Hauses oder auch eine an bestimmter Stelle plazierte Steinlaterne.

Ein Shakkei-Garten in seiner reinsten Form mißt dem »eingefangenen« Landschaftselement den zentralen Stellenwert im Garten zu, alle anderen Elemente treten dahinter zurück. Oftmals ist es jedoch so, daß die »geborgte« Landschaft nur ein zusätzlicher Effekt eines Gartens ist, der auch sonst seinen Eigenwert behalten würde.

Als ältester Garten mit Shakkei-Effekt gilt der Tenryū-ji, der den kirschbaumbestandenen Berg Arashiyama mit einbezieht (Abb. 107). In Kyōto sind auch die Gärten der Tempel Shōden-ji (vgl. Abb. 45), Entsu-ji und der Hōjō-Garten des Daitoku-ji (Abb. 108) berühmt, die jeweils auf den Berg Hiei ausgerichtet sind. Ein bekanntes Beispiel aus Nara ist der Garten des kleinen Zen-Tempels Jikō-in, der den Blick auf die Yamato-Ebene freigibt. In Tōkyō schließlich läßt der Garten des Yokuon-en an klaren Tagen den etwa 100 Kilometer entfernten Berg Fuji sichtbar werden.

◁ 108 Historische Darstellung des Hōjō-Gartens im Daitoku-ji, Kyōto. 17. Jh. Aus dem »Miyako Rinsen Meisho Zue«

IV Gartenschöpfer

1 Michiko no Takumi – der Koreaner

Der erste historisch nachweisbare Gartenschöpfer in der Geschichte
des japanischen Gartens ist der bereits erwähnte Michiko no Takumi
(vgl. S. 14 f.). Das »Nihon-shoki« beschreibt ihn als Einwanderer
aus Kudara, einem der damaligen koreanischen Teilstaaten. Er
rettete sich vor drohender Mißhandlung und möglicher Verbannung
durch den Hinweis auf seine gartengestalterischen Fähigkeiten.
Tatsächlich wurde er beauftragt, im kaiserlichen Südgarten einen
»Shumi-Berg« und eine »Kure-Brücke« zu bauen.

Da er so nachdrücklich im »Nihon-shoki« erwähnt wird, darf
man annehmen, daß er mit seiner Arbeit im kaiserlichen Garten
erfolgreich war und wohl noch mehrere andere Garten-Anlagen
geschaffen hat. Vielleicht ist ihm auch der Garten des Ministers Soga
no Umako zuzuschreiben, von dem – einige Jahre später – ebenfalls
im »Nihon-shoki« berichtet wird. War es bislang ein kaiserliches
Privileg gewesen, einen Garten zu besitzen, so setzte sich der
machtvolle Minister schlicht darüber hinweg und ließ sich einen
Privatgarten bauen. Das brachte ihm beim Volk den Spitznamen
»Gartenminister« ein.

Michiko no Takumi kann also als Begründer der Zunft japanischer Landschaftsgärtner gelten. Außer ihm waren in jener Zeit
zahlreiche Künstler, Handwerker und vor allem buddhistische
Priester aus Korea eingewandert und zu einer Art kultureller Elite
geworden, die sich jedoch bald völlig den Japanern assimilierte.

Als professioneller Gartengestalter bleibt dieser Koreaner allerdings für lange Zeit eine Ausnahmeerscheinung. Denn in den nachfolgenden Jahrhunderten waren es vornehmlich Adelige, Künstler oder Mönche, die sich hobbymäßig um die Gartenkunst kümmerten. Die Tradition berufsmäßiger Gartengestalter lebte erst mit dem Auftauchen der »Kawaramono« im 15. Jahrhundert wieder auf.

2   Aristokratische Gartenschöpfer

In der Nara-, Heian-, Kamakura- und selbst noch in der frühen Muromachi-Zeit lag die Kompetenz für das Entwerfen und Errichten von Gärten in der Hand von nichtprofessionellen Amateuren. Die Gartenkunst war somit vom 7. bis zum 15. Jahrhundert primär eine der ästhetischen Spielereien der herrschenden Klasse des Hochadels und später zunehmend auch der Mönche in den buddhistischen Klöstern, die sich größtenteils aus derselben sozialen Schicht rekrutierten wie die aristokratische Gesellschaft des kaiserlichen Hofes in Kyōto. Planung und Überwachung der Ausführung bei der Gartengestaltung lagen also in jenen Epochen meistens bei jenen Männern, denen die Gärten selbst gehörten oder die zumindest – wie im Fall der Mönche in ihren Klöstern – ihre alltägliche Lebenssphäre dort hatten.

Das »Manyōshū« – die große Gedichtsammlung des 8. Jahrhunderts – überliefert beispielsweise ein Gedicht von Ōtomo Tabito (665–731). Dieser war als Gouverneur für einige Zeit nach Kyūshū gesandt worden und hatte dort seine Frau verloren. Als er zwei Jahre später nach Nara zurückkehrte, stand er seinem verwilderten Garten gegenüber, den er seinerzeit zusammen mit seiner Frau angelegt hatte. Diese Situation bringt er in einem Gedicht zum Ausdruck:

Mein Garten, den ich
zusammen mit meiner geliebten Frau
errichtet hatte,
dort sind nun die Bäume
hochgewachsen und dicht geworden.

Diese Zeilen, die nur ganz verhalten und indirekt seine Trauer über den Verlust der Frau ausdrücken, machen deutlich, daß Ōtomo Tabito als Gartenbesitzer auch sein eigener Gartenarchitekt war.

Kose Kanaoka (850–931), der als Maler berühmt war und als Begründer des nationalen Malstils (»Yamato-e«) der Heian-Zeit gilt, soll gleichfalls Gärten angelegt haben. Angeblich ist eine Steingruppe am Ōsawa-Teich in Kyōto (vgl. Abb. 65) von seiner Hand. Auch er stammte aus einer Familie der Aristokratie. Überhaupt lag die Gartengestaltung in der Heian-Zeit weitgehend in der Hand von nichtprofessionellen »Gentleman-Gärtnern«. Als repräsentatives Beispiel mag jener Tachibana Toshitsuna angeführt werden, dem das »Sakutei-ki« (»Aufzeichnung über die Errichtung von Gärten«) zugeschrieben wird. Toshitsuna besaß selber den berühmten Garten des Fushimi-tei, und man geht nicht fehl in der Annahme, daß er selber diesen Garten geschaffen hat.

Eine Stelle im »Sakutei-ki« berichtet über Fujiwara Yorimichi (992–1074), der bei den Restaurierungsarbeiten des Kaya-in-Palastes keinen geeigneten Gartenkünstler fand und kurzerhand selbst die Planung des Gartens übernahm. Selbst dieser vielleicht mächtigste Mann seiner Zeit in Japan fand es also nicht ungewöhnlich, sich selbst in der Gartenkunst zu engagieren.

3   Mönche als Gartenschöpfer

Bereits im »Sakutei-ki« wird neben aristokratischen Gartengestaltern eine andere Gruppe erwähnt, die sich intensiv um die Gartenkunst bemühte. Da ist die Rede von einem gewissen Enen Ajari, dem eine Geheimüberlieferung der Gartenkunst vererbt worden sei. »Ajari« oder »Azari« ist ein aus dem Sanskrit abgeleiteter Titel für ranghohe Mönche, der zunächst eine bestimmte Lehrfunktion bezeichnete und später in den Schulen des Tendai-und Shingon-Buddhismus als allgemeiner Ehrentitel benutzt wurde.

Besagter Enen Ajari stammte aus der mächtigen Fujiwara-Familie. Er war auch als Maler bekannt und entfaltete bis zu seinem Tod im Jahre 1040 auch Aktivitäten als Architekt und Gartenkünstler.

Mit diesem Enen Ajari wird im »Sakutei-ki« erstmals ein sogenannter »Ishitesō«, ein Mönch, der Garten anlegt, erwähnt. Bis weit in die Muromachi-Zeit hinein waren es nun vor allem Mönche, die sich in der Gartenkunst hervortaten. Zu Beginn dieser Entwicklung setzten sich die Mönche des Tempels Ninna-ji in Kyōto an die Spitze dieser Bewegung und entwickelten sich allmählich zu halbprofessionellen Gartenkünstlern, die im Auftrag fremder Herren Gärten anlegten. Dies bedeutete eine Abkehr von der Praxis der vorangegangenen Epochen, wo häufig der Gartenbesitzer selbst seinen eigenen Garten anlegte.

Später widmeten sich hauptsächlich Zen-Mönche der Gartenkunst. In der Muromachi-Zeit wurde der Tempel Shōkoku-ji, der Familien-Tempel der gartenbegeisterten Ashikaga-Familie, zum Zentrum solcher Aktivitäten. Aus dieser Zeit ist eine große Zahl von Zen-Mönchen bekannt, deren Namen im Zusammenhang mit der Errichtung von Gärten auftauchen. Die herausragende Persönlichkeit unter ihnen ist Musō Kokushi.

4 Musō Kokushi

Musō Kokushi (1275–1351; Abb. 109) gilt zwar als Bedeutendster unter den »Ishitateso«, den in der Gartenkunst engagierten Mönchen. Er unterscheidet sich aber von den Gartenbau-Mönchen des Ninna-ji dadurch, daß er die Gestaltung von Gärten in keiner Weise als *Beruf* im Sinne von Broterwerb, sondern eher als *Berufung* im Lutherschen Wortsinn auffaßte.

Musō, dem im Jahre 1335 vom Kaiser Godaigo der Landesmeister-Titel (»Kokushi«) zugesprochen wurde, ist 1275 in der Provinz Ise als Nachkomme des Kaisers Uda geboren worden. Er gehörte also zu einer Familie der höfischen Aristokratie. Zunächst studierte er die Lehren des Tendai- und Shingon-Buddhismus, später wandte er sich dem Zen zu und nahm den Priesternamen Musō Soseki an. In Kyōto und Kamakura studierte er unter verschiedenen Meistern. 1305 soll er schließlich zur Erleuchtung gekommen sein.

Das Leben des Kokushi kennzeichnete in der Nachfolgezeit ein ständiges Herumwandern. Immer wieder versuchte er, sich dem Zugriff mächtiger Gönner zu entziehen, die ihn an der Spitze großer Zen-Klöster sehen wollten. Statt dessen zog es ihn jedoch in die Einsamkeit der Natur.

1313 baute er sich eine Einsiedelei in Mino, in der Nähe des heutigen Nagoya. In den folgenden Jahren lebte er mal in Kyōto, mal in Kamakura, wo er 1126 einen einsamen Tempel, den Zuisen-ji (Abb. 111) errichtete. Wenige Jahre später wurde er in Kyōto Hauptpriester des neugegründeten Tempels Rinsen-ji, 1334–1336 des berühmten und bedeutenden Zen-Tempels, Nanzen-ji (vgl. Abb. 114, 115).

109 Porträt von Musō Kokushi
(1275–1351)

Nachdem der Militärdiktator Ashikaga Takauji 1336 zum fakti-
schen Herrscher des Landes aufgestiegen war, wurde Musō für ihn
ein wichtiger Ratgeber. Auf seine Veranlassung hin ließ Takauji
1339 den Kameyama-Palast in einen Zen-Tempel umwandeln, um
so die Rachegeister des gerade gestorbenen Kaisers Godaigo zu
besänftigen, dem er übel mitgespielt hatte. So entstand der Tenryū-ji
(Abb. 110). Musō Kokushi hatte sich schon auf den bisherigen
Stationen seines Lebensweges um die Gartenkunst gekümmert, und
so nutzte er auch in Kyōto jede sich bietende Gelegenheit. Im
Garten des Tenryū-ji ist es wohl vor allem die eindrucksvolle
Steinsetzung des Wasserfalls, die Musō zuzuschreiben ist.

110   Garten des Tenryū-ji, von Musō Kokushi 1339 umgestaltet, Kyōto. 12./14. Jh. ▷

Im selben Jahr 1339 wurde der Saihō-ji (vgl. Abb. 10) von Musō Kokushi als Zen-Tempel erneuert. Auch hier dürfte er sich an der Neugestaltung des ursprünglichen Paradiesgartens persönlich beteiligt haben. In diesem abseits von hauptstädtischer Hektik gelegenen Tempel fand er einen Ort der Zurückgezogenheit, nach dem er sein Leben lang gesucht hatte. Hier und im Rinsen-ji, dem er in Personalunion ebenfalls vorstand, verbrachte er seinen Lebensabend.

Musō gilt als eine der bedeutendsten Gestalten des japanischen Zen. Auch im politischen Bereich spielte er eine wichtige Rolle, obwohl manche Kritiker ihn des Opportunismus zeihen, da er gute Beziehungen zu den jeweils Mächtigen im Lande pflegte, zunächst zum Kamakura-Shōgunat, dann zum kaiserlichen Hof unter Kaiser Godaigo und schließlich zu Ashikaga Takauji. Man muß Musō Kokushi allerdings zugute halten, daß es ihm gewiß nicht um persönliche Macht ging, sondern daß er immer nur der Vernunft und der Mitmenschlichkeit zum Sieg verhelfen wollte.

Seine Bedeutung für die Gartenkunst ist unter den japanischen Gartenforschern nicht unumstritten. Manche sehen in ihm den größten Erneuerer und eigentlichen Begründer des Karesansui-Stiles. Andere möchten sein Gartenengagement auf eine allgemeine Liebhaberei beschränkt wissen und betrachten alle Zuschreibungen als nachträgliche Legendenbildungen.

Die Wahrheit wird wohl irgendwo in der Mitte liegen. Wahrscheinlich sind zumindest Teile der Gärten des Zuisen-ji, des Tenryū-ji (vgl. Abb. 107, 110) und des Saiho-ji tatsächlich von ihm geschaffen worden. Bei manch anderer Garten-Anlage mag er beratend mitgewirkt haben.

Überzogen erscheint auf der anderen Seite die Auffassung, daß Musō Kokushi – vor allem durch die Steinsetzungen im oberen Teil des Saihō-ji-Gartens (vgl. Abb. 31) – zum Begründer des Trockenlandschaft-Stils geworden sei. Denn dieser Stil geht in seinen Anfängen viel weiter zurück und wurde in seiner definitiven Ausprägung erst hundert Jahre später entwickelt. Die Steinsetzungen des Saihō-ji liegen also gerade in der Mitte eines evolutionären Prozesses, der über Jahrhunderte schließlich zur Entstehung des Karesansui-Gartens führte.

Gleichwohl nimmt Musō Kokushi in der Geschichte des japanischen Gartens einen bedeutenden Platz ein, denn mit ihm beginnt die enge Verknüpfung zwischen Gartenkunst und Zen, die ihren Höhepunkt in den äußerst reduzierten, abstrakten Tempelgärten der späten Muromachi-Zeit (16. Jh.) finden sollte. Ohne selbst im ikonographischen Bereich die Formensprache des Gartens entscheidend verändert zu haben, schuf er durch das bloße Einbringen der Komponente »Zen« die Voraussetzung dafür, daß diese Epoche zur fruchtbarsten der japanischen Gartenkunst wurde.

Musō liebte die Beschäftigung mit der Gartenkunst nicht aus Gründen eitler Selbstdarstellung oder bloßer Naturliebe. Vielmehr bedeutete ihm dieses Tun einen individuellen Weg zur Erkenntnis der Zen-Wahrheit. In einer seiner Schriften steht zu lesen: »Das Lieben der Landschaft gleicht zwar einem weltlichen Gefühl, aber es gibt auch solche, die dieses weltliche Gefühl zum Wahrheitsstreben machen und den jahreszeitlichen Wechsel von Quellen und Felsen, Gräsern und Bäumen als Vehikel dieser Wahrheitssuche benutzen. Geschieht dies in angemessener Weise, so muß man es für die Landschaftsliebe echter Wahrheitssucher halten.«

111   Felshöhlen im Garten des Zuisen-ji, Kamakura. 14. Jh.

5 Sesshū Tōyō

Sesshū Tōyō (1420–1506; Abb. 112) ist einer der berühmtesten japanischen Maler. Er hat im Shōkoku-ji in Kyōto Zen-Buddhismus studiert und ist dort Mönch geworden. Wahrscheinlich kam er in dieser Zeit mit dem Maler Shūbun in Berührung, der mitunter als sein Lehrer bezeichnet wird.

Während der Ōnin-Wirren (1467–1477) weilte Sesshū mehrere Jahre lang in China. Dort wurde er von den Chinesen als bedeuten-

112 Porträt von Sesshū Tōyō (1420–1506)

113 Der Garten des Mampuku-ji wird Sesshū Tōyō zugeschrieben. Masuda, Präfektur Shimane. 15./16. Jh.

der Maler gefeiert, dem in China niemand ebenbürtig sei. Nach seiner Rückkehr kam er nicht mehr nach Kyōto zurück, sondern hielt sich fortan in Westjapan auf. Hier entstanden die berühmtesten seiner Bilder.

Ebenso wie Musō Kokushi werden ihm zahlreiche Gärten zugeschrieben, einige in Kyōto, die meisten jedoch in Westjapan. Der brühmteste dieser Gärten liegt im heutigen Tempel Jōei-ji in Yamaguchi (vgl. Abb. 14).

Unter japanischen Gartenforschern ist es ein umstrittenes und vieldiskutiertes Problem, ob Sesshū wirklich als Schöpfer dieser Gärten zu betrachten ist. Die meisten Gelehrten sind heute der Meinung, daß wenigstens vier oder fünf der genannten Gärten tatsächlich von Sesshū stammen. Dazu zählen neben dem Jōei-ji vor allem die Tempelgärten des Ikō-ji und des Mampuku-ji in Masuda (Abb. 113).

In keinem Fall gibt es jedoch absolute Sicherheit bei diesen Zuschreibungen, denn es fehlen eindeutige Dokumente, die Sesshūs Engagement in der Gartenkunst zweifelsfrei belegen. Die Zuschrei-

177

bungen stützen sich auf Übereinstimmungen der Vita von Sesshū mit dem mutmaßlichen Entstehungsbeginn der Gärten und vor allem auf die stilistische Kongruenz von Sesshūs Landschaftsmalerei und Steinsetzungsformen in den ihm zugeschriebenen Gärten.

Bleibt also auch ein Restzweifel an der wirklichen Urheberschaft des großen Tuschmalers an den genannten Gärten, so sind diese doch in der japanischen Gartengeschichte so bedeutsam als Zwischenstufe auf dem Weg zum Karesansui-Garten, daß ihnen schon aus diesem Grund besondere Erwähnung gebührt.

6 Kawaramono – Gartenschöpfer aus dem niederen Volk

Mit den »Kawaramono« (»Leute vom Flußufer«) taucht in der Muromachi-Zeit (14.–16. Jh.) eine neue Gruppe von Gartenschöpfern auf, die sich diametral von den zuvor mit der Gartenkunst beschäftigten Adeligen, »Ishitatesō«, Zen-Mönchen und Malern unterscheidet. Diese waren sämtlich Angehörige der geistigen und sozialen Elite des Landes gewesen, die Kawaramono hingegen rekrutierten sich aus dem Substrat der damaligen Gesellschaft. Es waren jene Gruppen, die in den kargen Gebieten der Flußniederungen lebten, wo sonst niemand sich niederlassen wollte. Daraus leitet sich auch der Begriff »Kawaramono« ab.

Ihre gesellschaftliche Diskriminierung ergab sich daraus, daß sie Berufe ausübten, die im engeren oder weiteren Sinn mit der Tötung von Tieren zu tun hatten. Die gesellschaftliche Tabuisierung dieser beruflichen Sphäre hängt mit dem strikten Tötungsverbot des Buddhismus zusammen, der sich in Japan überdies mit autochthonen Reinlichkeitsvorstellungen des Shintōismus verbunden hatte. Die »Kawaramono« der Muromachi-Zeit sind die direkten Vorfahren der bis heute nicht gleichberechtigten »Eta« oder »Burakumin«. Diese ethnisch von anderen Japanern nicht zu unterscheidende Gruppe lebt noch heute in gettoartigen Siedlungen.

Wie konnte es nun geschehen, daß ausgerechnet eine Gruppe mit einem derartigen sozialen Handicap zur führenden Kraft in der einstmals so privilegierten Gartenkunst wurde? Wie ist es zu erklären, daß Zen-ami, einer der führenden Köpfe der Kawaramono, mit dem allmächtigen Shōgun Yoshimasa ein nachgerade freundschaftliches Verhältnis hatte?

Am Anfang der Entwicklung waren die Kawaramono bloße Handlanger gewesen. Sie hatten unter der Anleitung der elitären Gartenschöpfer aus den Kreisen der Adeligen, des buddhistischen Klerus und der Künstler die schweren körperlichen Arbeiten des Gartenbaus zu verrichten.

Durch die ständige Wiederkehr dieser unselbständigen Arbeit, durch den ständigen und direkten Kontakt mit arrivierten Gartenmeistern wuchsen die Kawaramono jedoch allmählich in ihren gartenbaulichen Fähigkeiten und ihrem Wissen um die Gartenkunst. Sukzessive wurden ihnen immer verantwortungsvollere und selbständigere Aufgaben im Gartenbau übertragen. In den Tagebuchaufzeichnungen der Muromachi-Zeit werden beispielsweise häufig Kawaramono als diejenigen genannt, die in bestehenden Gärten der Tempel und Adelssitze herumgingen, um Materialien für neue Gärten des Shōgun zusammenzusuchen. Neue Gärten für Angehörige der Spitze der damaligen Gesellschaft entstanden solcherart durch einfache Requirierung von Steinen und Bäumen in bestehenden Garten-Anlagen. Und diejenigen, die diese Arbeit ausführten, waren als Kawaramono solche, die von ganz unten kamen!

Man kann sich vorstellen, welche gesellschaftlichen Konflikte dadurch entstehen mußten. Als der Shōgun Yoshimasa eines Tages Kawaramono in den altehrwürdigen Tempel Kōfuku-ji nach Nara schickte, flogen sie in hohem Bogen hinaus. Erst nach einer entschiedenen Intervention des mächtigen Shōguns konnten die Kawaramono ihren Auftrag ausführen. Eine Zeitlang wurde ihnen der Zutritt zum kaiserlichen Palast verboten, aber auch diese Sanktion währte nur wenige Jahrzehnte, denn die Kawaramono hatten sich inzwischen als Gartenspezialisten unentbehrlich gemacht.

Vor allem im 15. Jahrhundert tauchen Kawaramono häufig in der zeitgenössischen Literatur auf. Die herausragende Figur unter ihnen war Zen-ami, der durch seine Gartenkunst zu einem persönlichen Freund des Shōguns Yoshimasa wurde. Von seinen Gärten ist allerdings heute keiner mehr erhalten, und so ist man auf die zeitgenössischen Berichte angewiesen. Über den Suiin-ken, der einer der frühesten Karesansui-Gärten gewesen sein muß, heißt es an einer Stelle: »Jene Distanz zwischen nah- und fernliegenden Bergen ist wahrlich sehr eindrucksvoll, man wird dieses Anblicks nicht müde und vergißt vor lauter Begeisterung den Heimweg.«

Berühmt war auch der Enkel von Zen-ami, der unter dem Namen Matashirō bekannt ist. Von ihm wird berichtet, daß er im Gegensatz zu seinem Großvater nicht nur ein erfahrener Gartenpraktiker war, sondern sich auch so viel theoretisches Wissen über diese so subtile Materie erworben hatte, daß er mit Zen-Mönchen darüber disputieren konnte.

Zu Beginn der Edo-Zeit kam mit Kentei, der im Zusammenhang mit der Errichtung des Konchi-in-Gartens (vgl. Abb. 114, 115) genannt wird, noch einmal eine wichtige Persönlichkeit aus den Reihen der Kawaramono. Danach allerdings tauchen sie nicht mehr auf. Es ist als wahrscheinlich anzunehmen, daß sie infolge der Errichtung einer streng hierarchisch gegliederten, mobilitätsfeindlichen Gesellschaftsform durch das neue Tokugawa-Shōgunat mit einem Berufsverbot belegt wurden. Dies ging offensichtlich so weit, daß frühere, von Kawaramono geschaffene Gärten nunmehr durch fingierte Zuschreibungen – häufig an den Maler Sōami – von dem Hautgout ihrer Entstehung befreit werden sollten.

Der Beitrag der Kawaramono zur Gartenkunst der Muromachi-Zeit muß sehr hoch veranschlagt werden, denn es ist weitgehend ihrer ursprünglichen, spontanen Kreativität zu verdanken, daß man sich in dieser Epoche von formelhaft und akademisch gewordenen Traditionen und Konventionen im Gartenbau lösen konnte. Ihre Beteiligung an der Gartenkunst der Muromachi-Zeit ist auch ein Beleg dafür, daß dieser künstlerische Bereich in jener Epoche ebenfalls nicht mehr ausschließlich elitäre Kunstpraxis blieb, sondern Impulse aus dem Volk aufnehmen und verarbeiten konnte. Es war der »frische Wind« von seiten der Kawaramono ebenso wie die von Zen-Mönchen geprägte Ästhetik der Bescheidenheit, die zur Blüte der Gartenkunst in der Muromachi-Zeit führten.

Im Gegensatz zu den in der Muromachi-Zeit die Szene der Gartenkunst beherrschenden Kawaramono entstammte Kobori Enshū
(1579–1647), der zu Beginn der Edo-Zeit in der ersten Hälfte des
17. Jahrhunderts zur herausragenden Gestalt im Gartendesign
wurde, einer bedeutenden Samurai-Familie, die schließlich den
Rang eines Daimyō, eines Provinzfürsten, erreichte. Neben seiner
Funktion als Feudalherr machte Kobori Enshū auch als Verwal-
tungsbeamter der Shōgunatsregierung Karriere und erhielt zahlreiche Regierungsaufträge zur Neuerrichtung oder Restaurierung von

114   Historische Darstellung des Konchi-in-Gartens im »Miyako Rinsen Meisho
      Zue«

Palast- und Garten-Anlagen. Dabei handelte es sich sowohl um kaiserliche Besitzungen als auch um Bauwerke, die für die neuen Shōgune aus der Tokugawa-Familie errichtet wurden.

Auch mancher Zen-Tempel rühmt sich der Beteiligung des Kobori Enshū an der Entstehung seines Gartens. Immerhin hatte Kobori Enshū ja in jungen Jahren im Daitoku-ji Zen studiert und war deshalb mit der klösterlichen Welt der Zen-Tempel vertraut. Vor allem aber engagierte er sich auch in der Teekunst, die er bei Furuta Oribe studiert hatte, der seinerseits als Schüler des großen Sen no Rikyū den »Teeweg« beschritten hatte.

Kobori Enshū war also in exemplarischer Weise ein Vertreter des Establishments und knüpft in dieser Beziehung an die Tradition der aristokratischen Gartenschöpfer der Heian-Zeit an. Gleichzeitig muß man ihn als führendes Mitglied der kulturellen Elite jener Zeit bezeichnen, die sich nun wieder mehr als in der vorangegangenen turbulenten Muromachi-Zeit an den Werken der klassischen Kunstepoche Japans, der Heian-Zeit, orientierte, ohne allerdings deren subtile Eleganz zu erreichen.

Kobori Enshū war in den Künsten vielseitig begabt. Er widmete sich der Literatur ebenso wie der Schreibkunst und leistete Beachtliches in der Teekunst. Vor allem trat er aber als Architekt und Gartengestalter hervor. Ebenso wie bei anderen herausragenden Persönlichkeiten der japanischen Gartengeschichte werden ihm mehr Garten-Anlagen zugeschrieben, als er faktisch geschaffen haben kann. So ist es beispielsweise fraglich, ob er wirklich selbst – wie lange Zeit behauptet – an der Gestaltung des Katsura Rikyū-Gartens beteiligt war.

Man muß dabei auch berücksichtigen, daß Kobori Enshū, anders als die früheren bedeutenden Gartenkünstler, keineswegs als individualistischer »Einzelkämpfer« agierte. Vielmehr ist eine frühe Form von Teamarbeit für ihn charakteristisch. Er sammelte einen großen Schüler- und Mitarbeiterkreis um sich, an den er zahlreiche Aufgaben delegierte. So sind wahrscheinlich viele Gärten, die heute mit dem Namen Kobori Enshū verbunden sind, in Wirklichkeit von

Angehörigen der von ihm begründeten Schule der Gartenkunst geschaffen worden.

Ziemlich sicher scheint jedoch, daß Kobori Enshū eigenhändig an der Gestaltung des Schlosses Nijō-jō, der Residenz des Shōguns in Kyōto, am Subtempel Konchi-in im Nanzen-ji (Abb. 114, 115), am Schloß des Shōguns in Edo, dem heutigen Tōkyōter Kaiserpalast, sowie auch am Palast Sentō Gosho (vgl. Abb. 91) in Kyōto, am Tempelgarten des Raikyū-ji in Takahashi und am Teegarten des Kōhō-an im Daitoku-ji (vgl. Abb. 47) beteiligt war.

Charakteristisch für den Gartenstil des Kobori Enshū sind geschnittene Büsche (»Karikomi«; vgl. Abb. 106), Hausteinbrücken (»Kiriishi-bashi«; vgl. Abb. 94) sowie Wege aus bearbeiteten Steinplatten (vgl. Abb. 82). Damit hat er ein ganz neues, artifiziell-architektonisches Element in den bis dahin ganz überwiegend von natürlichen Formen bestimmten Garten gebracht. Man kann zu Recht anmerken, daß so ein etwas maniert wirkender Gartenstil entstand, der den kommenden allmählichen Verfall der japanischen Gartenkunst anzeigt.

Das 18. und 19. Jahrhundert markiert trotz einzelner Gegenbei-
spiele insgesamt einen ständigen Niedergang in der japanischen
Gartengeschichte. Dies änderte sich erst im 20. Jahrhundert, als
unter dem Eindruck einer weltweiten Abwendung von realistischer
und gegenständlicher Kunst auch der hochabstrakte japanische
Steingarten eine Renaissance erlebte.

Die wichtigste Persönlichkeit dieser Entwicklung war Shigemori
Mirei (1896–1975). Er wurde in einem kleinen Dorf in der Präfektur
Okayama als Sohn eines Bauern geboren. Bis 1919 studierte er an der
Japanischen Kunsthochschule in Tōkyō, wo er auch nach dem
Examen noch bis 1921 an einem Postgraduate-Kurs teilnahm.

In der dörflichen Sphäre seiner Heimat gab es nach seinen eigenen
Aussagen kaum bedeutende Gärten, wohl aber ein latentes Interesse
der Bauern an volkstümlichen japanischen Künsten: an Haiku-
Gedichten, am Blumenstecken, an den kleinen Gartenformen. Der
Vater von Shigemori Mirei wollte gar im hohen Alter einen kleinen
Steingarten anlegen und hatte das nötige Steinmaterial schon aus den
nahen Bergen herbeigeschafft. Er starb allerdings darüber, und so
kam es, daß der Sohn Shigemori Mirei 1924 mit jenen Steinen seinen
ersten Garten schuf.

1929 zog er nach Kyōto, wo er 1932 die »Gartengesellschaft von
Kyōto« (»Kyōto Rinsen Kyōkai«) gründete, deren Vorsitzender er
wurde. Diese erste japanische Gesellschaft für Gartenforscher und
Gartenliebhaber hält jeweils am ersten Sonntag im Monat eine
Mitgliederversammlung ab. Das steigende Interesse am japanischen
Garten in Japan selbst und in der ganzen Welt ist eng mit der Arbeit
dieser Gesellschaft verbunden.

116 Garten am Privathaus von Shigemori Mirei, Kyōto. 20. Jh.

117 Privatgarten von Shigemori Mirei, Kyōto. 20. Jh.

Shigemori Mirei widmete sich fortan gleichzeitig der wissenschaftlichen Gartenforschung wie der praktischen Gartengestaltung. Zwischen 1936 und 1938 veröffentlichte er ein 26bändiges Werk über die japanische Gartengeschichte. Zahlreiche Monographien folgten. Krönender Abschluß seines wissenschaftlichen Werkes ist eine 35bändige Gesamtdarstellung der japanischen Gartengeschichte, die er ab 1972 gemeinsam mit seinem Sohn Shigemori Kanto herausgab und die noch lange das große Standardwerk bleiben dürfte.

In seiner praktischen Arbeit war es das Anliegen von Shigemori, den japanischen Garten wieder auf das frühere Niveau zurückzubringen und Gärten zu hinterlassen, die vor dem Urteil der Geschichte Bestand haben würden. Zu seinen wichtigsten Werken zählen die Tempelgärten des Tōfuku-ji (vgl. Abb. 49) und des Zuihō-in (vgl. Abb. 50) in Kyōto, der Schloßgarten des Kishiwadajō, die Schreingärten des Sumiyoshi-jinja in der Präfektur Hyōgo und des Kasuga-jinja in Nara, der Frontgarten des Tempels Jōei-ji in Yamaguchi (vgl. Abb. 52) sowie die Garten-Anlage seines privaten Hauses in Kyōto (Abb. 116, 117).

Shigemori Mirei war nicht ausschließlich Gartenspezialist. Wie so viele andere bedeutende Gartenschöpfer vor ihm leistete er auch in anderen Künsten Bedeutendes. Am wichtigsten war für ihn neben der Gartenkunst die Beschäftigung mit dem Teeweg, den er als grundlegend für das Verständnis japanischer Ästhetik ansah. Auch im Blumenstecken (»Ikebana«) war er ein großer Meister.

Shigemoris Gartenstil ist geprägt durch steil aufragende, scharfkantige Steinsetzungen. Zusammen mit geharktem Sand, großen beschnittenen Büschen und Mooszonen entstehen so Gärten von einer starken Ausdruckskraft und Individualität, die Shigemori Mirei zum hervorragendsten Vertreter der klassischen Moderne in der japanischen Gartenkunst machen.

Literaturhinweise

Bohner, Hermann: Zeitenreihe der alten japanischen Gärten. Hamburg 1966 (NOAG 100)

Brasch, Heinz: Kyōto – Die Seele Japans. Lausanne und Freiburg i. Br. 1965

Clifford, Derek: Geschichte der Gartenkunst. München 1966

Condor, Josiah: Landscape Gardening in Japan. New York 1964 (Reprint)

Hayakawa, Masao: The Garden Art of Japan. New York / Tōkyō 1973

Hennig, Karl: Der Karesansui-Garten als Ausdruck der Kultur der Muromachi-Zeit. Hamburg 1982 (MOAG 92)

Itō, Teiji: The Japanese Garden, Tōkyō 1972

Kuck, Loraine: The World of the Japanese Garden. New York / Tōkyō 1968

Rambach, P. und S.: Sakutei-ki ou Le Livre Secret des Jardins Japonais. Genf 1973

Schaarschmidt-Richter, I.: Japanische Gärten. Baden-Baden 1977

dies.: Der Japanische Garten – ein Kunstwerk. Fribourg/Würzburg 1979

Shigemori, Kanto: Japanese Gardens – Islands of Serenity. Tōkyō 1971

Shigemori, Mirei / Shigemori, Kanto: Nihon Teienshi Taikei, Bd. 1–35. Tōkyō 1972–1976

Wiese, Konrad: Gartenkunst und Landschaftsgestaltung in Japan. Technik, Kunst und Zen. Tübingen 1982

Yoshida, Tetsuro: Der japanische Garten. Tübingen 1957

Glossar

-an	»Klause«, »Einsiedelei«; angehängt an Eigennamen, dient der Begriff zur Benennung kleiner Subtempel
Chadō	Teeweg, Teezeremonie, Teekunst
Chaniwa	Teegarten
Cha-no-yu	»Heißes Wasser für den Tee«; Bezeichnung für die Teezeremonie
Chōzubachi	Wasserschöpfbecken (Abb. 98)
Daimyō	Territorialfürst
Emakimono	Gemalte Querrolle
Fusuma-e	Bemalte Schiebetür
Genkan	Eingangshalle im japanischen Haus oder Tempel
Hōjō	Wohngebäude des Hauptpriesters; Hauptgebäude eines Subtempels
Hōkime	s. Samon
Hondō	»Haupthalle«; Hauptgebäude eines Tempels
Hōrai	Paradiesische Insel der seligen Unsterblichen; aus China stammende Vorstellung (P'eng-lai)
Ido	Brunnen (Abb. 101)
Ikebana	Kunst des Blumensteckens
Ikedori	»Lebendig einfangen«; frühe Bezeichnung für die Einbeziehung umliegender Landschaft in den Gartenentwurf; s. Shakkei
-in	»Tempel«, »Haus«; angehängt an Eigennamen, dient der Begriff zur Benennung von Tempeln oder Palästen

Ishidōrō	Steinlaterne (Abb. 96, 97)
Ishitatesō	In der Gartenkunst engagierter Mönch
Iwakura	Im frühen Shintōismus Steingruppierung, die als Göttersitz verehrt wurde
Iwasaka	Ähnliche Bedeutung wie »Iwakura«
Izumidono	Quellpavillon
-ji	»Tempel«; angehängt an Eigennamen, bezeichnet der Begriff einen selbständigen Tempel
Kameshima	»Schildkröteninsel«; zur Hōrai-Legende gehöriges Ewigkeitssymbol (Abb. 72)
Karesansui	Trockenlandschaft
Karetaki	Trockener, wasserloser Wasserfall (Abb. 74)
Karikomi	Beschnittene Büsche und Bäume (Abb. 106)
Katōmado	»Blumenkopffenster«; Element der Zen-Architektur
Kawaramono	»Leute vom Flußufer«; aus dem niederen Volk aufgestiegene Gartenschöpfer des 15./16. Jhs.
Kiriishi-bashi	Hausteinbrücke (Abb. 94)
Kofun	Kaiserliche Grabanlage des 3.–7. Jhs. (Abb. 2)
Kokuhō	Nationalschatz
Kokushi	»Landesmeister«; buddhistischer Ehrentitel
Kure no Hashi	»Brücke von Wu«; chinesische Brückenform in den Gärten des 7. Jhs.
Kyakuden	Gasthalle; s. Hōjō; s. Hondō
Kyokusui no en	mit der Dichtkunst verbundenes Fest am Wasserlauf des Gartenbaches
Lo-shu	Aus China stammendes Zahlendiagramm (Abb. 75)
Mandala	Buddhistisches Sakralbild mit Buddha in zentraler Position
Nantei	»Südgarten«; zwischen Palast und Gartenteich gelegene, sandbedeckte Fläche
P'eng-lai	Chinesisch für Hōrai
Roji	»Taugrund«; poetischer Ausdruck für Teegarten
Ryōkan	Gasthaus
Samon	In Sand geharkte Muster (Abb. 89)

Sanzan gogaku	»Drei Berge und Fünf Gipfel«; aus China übernommene ikonographische Konfiguration im japanischen Garten (Abb. 14, 38)
Sanzon-ishigumi	Dreier-Steingruppe in Analogie zur buddhistischen Trinität (Abb. 64–70)
Sawatari-ishi	Im Wasser gesetzte Schrittsteine (Abb. 84)
Shakkei	»Geborgte Landschaft«; bewußtes Hineinkomponieren der Hintergrundlandschaft in den Gartenentwurf (Abb. 17, 107, 108)
Shichidō-garan	»Sieben Hallen-Anlage«; Kernbereich eines großen Zen-Tempelkomplexes
Shiki-ishi	Wegpavimente (Abb. 77–80)
Shinden	(Schlaf-) Haupthalle
Shinden-zukuri	Architekturstil der Heian-Zeit; repräsentativer Palast-Stil (Abb. 5)
Shoin-zukuri	Architekturstil der Kamakura- und Muromachi-Zeit; vom Stil des japanischen Bauernhauses beeinflußte Bauform der Samurai-Schichten
Shumi-sen	Mount Sumeru; buddhistischer Weltenberg (Abb. 3)
Sunamori	Spitzkegelige Sandaufschüttung (Abb. 35, 87)
Takarabune	Schatzschiff; verknüpft mit der Hōrai-Legende (Abb. 36)
Takegaki	Bambuszaun (Abb. 102, 103)
Taki-ishigumi	Wasserfall-Steingruppe (Abb. 43, 74, 92)
Tasōtō	Gartenpagode (Abb. 99)
Tatchū	Subtempel
Tobi-ishi	Locker gesetzte Schrittsteine (Abb. 81–83)
Tsuboniwa	Binnengarten; kleines, allseitig von Architekturelementen umgebenes Garten-Segment
Tsukiyama	Künstlich angelegter Hügel (Abb. 85)
Tsukubai	Steingruppe mit Wasserschöpfbecken in Teegärten (Abb. 98)
Tsurushima	»Kranichinsel«; zur Hōrai-Legende gehöriges Ewigkeitssymbol (Abb. 71)
Yamato-e	Nationaler Malstil der Heian-Zeit
Yarimizu	Gewundener Gartenbach

Zeittafel

Vorzeit 3.–6. Jh.		Kaiserliche Großgrabanlagen (Kofun)
	5./6. Jh.	Archaische Steinsetzungen im Achi-jinja
Asuka- und Nara-Zeit (7./8. Jh.)	612	Michiko no Takumi baut Palastgarten
	710–784	Nara als Hauptstadt
Heian-Zeit (8.–12. Jh.)	794	Kyōto (Heian-kyō) wird Hauptstadt
	um 900	Der Maler Kose no Kanaoka legt Gärten an
	1052	Phönix-Halle und Paradiesgarten des Byōdō-in entstehen
	um 1200	»Sakutei-ki«, das älteste Gartenbuch
Kamakura-Zeit (12.–14. Jh.)	1327	Zuisen-ji bei Kamakura wird von Musō Kokushi angelegt
Muromachi-Zeit (14.–16. Jh.)	1339	Saihō-ji (»Moostempel«) wird von Musō Kokushi als Zen-Tempel umgestaltet

	1339	Tenryū-ji wird gegründet
	1397	»Goldener Pavillon« (Kinka-ku-ji) wird errichtet
	1467–1477	Bürgerkriegsartige Ōnin-Wirren
	ab 1482	»Silberner Pavillon« (Ginka-ku-ji) wird errichtet
	um 1490	Steingarten des Ryōan-ji
	um 1510	Trockenlandschaft-Garten des Daisen-in
	um 1514	Shinju-an-Garten
Edo-Zeit (17.–19. Jh.)	um 1620	Katsura Rikyū, Kyōto
	ab 1629	Koraku-en in Edo (Tōkyō)
	um 1650	Bau des Shugaku-in Rikyū, Kyōto
	um 1702	Rikugi-en, Edo (Tōkyō)
Meiji-Zeit	1868	Tōkyō löst Kyōto als Hauptstadt ab
	ab 1895	Meiji-Schrein, Tōkyō
Gegenwart	1938	Gärten des Tōfuku-ji, Kyōto, von Shigemori Mirei
	ab 1960	Japanische Gärten entstehen auch außerhalb Japans
	1978	Japanischer Garten innerhalb des Neuen Botanischen Gartens in Hamburg

Fotonachweis

Günther Norer, Innsbruck   Frontispiz; Abb. 11, 60, 74, 78, 79, 84, 90, 92, 93, 95, 98, 99, 103, 104, 115

Alle übrigen Schwarzweiß-Abbildungen sowie sämtliche Farbvorlagen stammen vom Verfasser.

Die Zeichnungen stammen entweder aus dem Archiv des Verfassers oder wurden vom DuMont Buchverlag nach Vorlagen des Verfassers neu gezeichnet.

DuMont Taschenbücher

Stand Frühjahr '83